朝日新書
Asahi Shinsho 689

論破力

ひろゆき［西村博之］

朝日新聞出版

まえがき

どうもおいら、ネットとかでは「論破王」と呼ばれているらしいのです。

自分としては基本、ただ論理的に「それって、こうですよね？」と事実を淡々と語っているだけなのですが、相手のほうが反論できないことがわりと多くて、それを見聞きした人たちには論破したように見えるのでしょうね。

さて、上司や取引先の人、お客さん、友人・知人とか、「この人を説得したい」と思う場面に、きっと誰もが毎日のように出くわしているはずです。

それはつまり、自分の言動に反対している相手の言動を賛成に変えたいということで、大げさに言えば、自分がかかわっている「世界」を自分の思いどおりにしたいという欲求でしょう。

そう思っているからこそ、いくら説得しても相手が自分の思いどおりに動かない、自分の意見に反対し続ける、まったく自説を変えない……というときに、どんどん「イライラ」がつのるわけです。

では、なぜ説得できないのか。それは、この本のテーマである「論破力」が足りないからではないでしょうか。

おいらにはそうしたイライラがほとんどありません。テレビやネットの討論番組はもちろん、役員をしている会社やクライアントとかの会議、友人・知人との集まりなどで、数え切れないほど議論していますがね。

相手を論破できるかどうかは、要するに「説得力のある話し方」ができるかどうかにかかっていると思います。

相手を説得するための必須アイテムといえば、「論理」と「事実」でしょう。たとえば、小学生と大人が議論して、小学生が論理や事実で勝ちさえすれば、大人を説得することも可能なわけです。「1足す1は3だ」と大人がどんなに言い張っても、小学生が「違うよ、1足す1は2だよ」と言った時点で、「はい、小学生の勝ち、終了」ですよね。

ただし問題は、その議論の「勝ち・負け」を誰が判断するのかということ。じつは、2人きりで言い争っていても勝ち・負けは明らかになりません。

父親と議論した子どもが、母親にこう聞いたとしましょう。

「お母さん、お父さんが〈1足す1は3〉って言ったけど、本当は〈1足す1は2〉だよね？」

「そうよ、〈1足す1は2〉よ。お父さんの負け、あなたの勝ちね」

お母さんという「ジャッジ」がいて、初めて小学生の勝ちが確定するわけです。

討論番組も同じで、議論している出演者の勝ち・負けを判断するのはメインパーソナリティーだったり視聴者だったりします。決して本人たちではありません。

会社の会議とかの議論もよく似ていますね。どんなにいい提案をしたとしても、その議論を見聞きしている社長や部長といった決定権者の決裁が下りなかったら、結局それは実現できないまま終わってしまいます。つまり、社長の決裁が下りそうな提案が説得力のある提案であって、それ以外の提案には説得力はないというわけです。

要するに、「論破力＝説得力のある話し方」なのですが、その説得力をどう高めるかというのは、議論している直接の相手に対してではなくて、議論を見聞きしている周りの人に対して高めていくものなのですね。

そこを理解しないと、たぶん議論のときに感じるイライラは消えないと思います。

話している論理や事実がちゃんとしているのと同時に、それを**見聞きしている周りの人たちに、「この人が言っていることは正しいんだ」と思わせるような「印象」を与えること**。それがおいらの言う「論破力＝説得力のある話し方」です。

何も難しいことではありません。誰でも論破力を高めることはできるし、そうなれば人間関係のイライラもきっと解消できるのですよ。

論破力

目次

第2章 観客の心を揺さぶる論破テクニック

第3章 手ごわい相手に「YES」と言わせる説得術

第4章　厄介な人を転がす技術

第6章 議論に強くなる頭の鍛え方

第1章

議論とはゲームである

「論破したその先」をまず想像する

心の中で謝りながら論破しています

テレビやネットメディアからコメンテーター的なオファーは、以前からずっときていたのですが、おいらニコニコ動画の仕事をやっていたので、ほかのメディアには出ないようにしていました。その仕事が数年前に終わってからは、断る理由も別にないので引き受けているわけです。

２０１５年からフランスに住むようになったことも大きくて、そうしないと日本との接点がどんどんなくなっていく気がして、それは避けたいですからね。

まあ、テレビにしろネットにしろ、「討論番組」というものは別に結論を出して社会をどうにかしようという話ではないのですよ。つまり、エンターテインメント。面白ければ、ゴールを目指して議論する必要はまったくないというわけです。

だから、共演者が言ってきたことに対して「こうじゃないですか」と、そのときに考えたことを話しているだけで、おいらとしては特に「論破」を狙っているわけではないのですよ。たとえば「1足す1は3だよ」と言う人がいたら、「いや、2じゃないですか。あっちに1があってこっちに1があって、合わせると2ですよね」と説明しているだけなのです。

もちろん、おいらのほうが間違っていたら「いえ、ここが間違っていますよ」と再反論されるでしょうが、そのまま相手のほうが黙ってしまうことがけっこう多くて……。

ただ、おいらと討論したおかげで何かマイナスの影響が出てしまう人がいたとしたら、申し訳ないなあと思います。だから、心の中では「ああ、すいません」といつもどこかで謝りながら討論しています。

性格が悪いほうが得をする?

ちょっと余談ですが、おいら若い頃に海外のファッションショーとかのカメラマンの仕事をやっていたことがあって……。

ファッションショーのカメラマンというのは、使っている機材はほぼ変わらないので、いい場所を取れるかどうかで、ほぼいい写真が撮れるかどうかが決まるのですよ。

そして場所取りというのは、性格の悪い人間であればあるほど、いい撮影ポイントを確保できるわけです。

たとえば、体をぶつけて人を突き飛ばすとか目の前にある頭を手でぐいっと押しのけるとか。嫌なヤツであればあるほど、そうしたことが簡単にできる。

なので、「他人のことは、知ったこっちゃない」というおいらの性格上、いつもいい場所が取れていました。だから写真の評判もかなりよかったわけです。

ただ、それを一生やっていこうと思っていたわけでもないので、おいらが押しのけた結果、本業の人があんまりいい写真が撮れなくてほぼ仕事にならないという状態が生まれていることには、「しのびないな〜」という感覚がいつもあって……。

だから、「あ、これ、向いてねえな」と思って、ファッションショーのカメラマンはやめてしまいました。

本業ではない人間がその仕事でどんなに頑張っても、その場はいいかもしれないけれども、そのあとに何か自分にとって発展性があるわけではない。なので、「それは、いかがなものか」と本人的には「微妙な仕事」になるわけです。

要するに、おいらにとっては討論番組もそれと同じなのですよ。論破王とか言われても、おいらの中には「やってもうた」という微妙な感覚がいつもあるのです。

実生活でも論破力は諸刃《もろは》の剣《つるぎ》だということをまず知っておいてほしいと思います。夫婦ゲンカで相手を論破しても、いいことなんてまったくないでしょう。

たとえば営業マンだったら、相手にモノを買ってもらうことが目的ですよね。大事なのは「いや、いらないよ」と言われないようにすること。つまり、論破しようなんて考えるよりも、酒でも飲みに行ってお客さんと仲よくなるほうが、効率がいいわけです。

そのときは買ってもらえなかったとしても、別の商品が出たときに「これは、どうですか?」と、仲がよかったらまた話ができますね。その場で相手を言い負かしても、「もうおまえからは絶対買わねえ」となったら、まったく意味がないでしょう。

会社の中でも上司を論破して飛ばされてしまう人とか、けっこういると思います。その意味では、論破力は「取り扱い注意」でもあるということです。

人生うまくいくことが目的であって、論破力はあくまでもその手段なのですよ。

その場で相手をやり込めたところで、じつはなんの意味もない。人を説得するときは論破したその先、つまり人生うまくいく可能性まで想像しましょうね。

意見を言わずに事実を言う

おいらの場合、自分の感情ベースで話すことがほとんどないのですよ。「こういう事実がありますよね」という事実ベースの話をしていることが圧倒的に多い。結局、**事実に対抗するのはものすごく難しい**ということなのですね。

たとえば、「イヌはサカナ食いますよね」という事実を言ったときに「いや、食わねえよ」という反論を成立させるのは、とてつもなく難しい。だって、イヌはサカナを食いますから。「じゃあ、動画出しましょうか」で〈終了〉になってしまうわけです。

スポーツでもゲームでも仕事でも何でもそうですが、すごく難しいことをやろうとする人は自分で勝手に失敗しますね。事実を覆そうとするのはそれと同じことでしょう。

ただ討論番組では、事実を認めなかったり否定したりする人が意外に多くて、たぶん思い込みとか印象とかで議論をしてしまうのでしょうね。もちろん、出演者には役割分担があって、こういう発言をする人間がいないと番組が盛り上がらんというのをわかっていて、わざと言っているタイプの確信犯もいるのですが……。

もう何年も前になりますが、ある対談番組に呼ばれて、ホストの評論家さんと「日本の若者が起業しない問題」について議論したことがあります。

そのときにおいらが主張したのは、「起業しないと幸せになれないんですか？」ということでした。

おいらは「起業したければすればいいし、したくないならしなくてもよい。それは選択の問題。起業を制限する法律も、年齢による規制もない」というような事実を説明したのですが、それに対して評論家さんは、日本では起業を後押しする風土や自由がないから日本の若者は起業できない。今のような日本では、若者は不幸ではないのか、といった意見を語られていました。

「1000万円の資本で起業しようとした場合、アメリカと日本ではハードルは同じなのか」と評論家さん。「1000万円も持ってる時点で若者じゃないですよ」とおいら。これも意見ではなくて事実です。

「10代の学生たちが携帯電話を持って、バイトして10万円のカバンとかを買うって、ほかの国ではありえないじゃないですか。でもそれに対して驚きもしない。女の子が夜中の12時に街をうろうろ歩いていても襲われないし、騒ぎにならないのはすごく幸せなこと」

評論家さんは番組の企画意図に沿って話を進めようとされていただけだと思うのですが、こうした事実を伝えているだけで、おいらにはまったくダメージのないまま番組は進んでいきました。

要するに、**もっともらしい意見よりも事実のほうがだんぜん強い**ということなのですよ。

文系の議論はイージー

テレビの討論番組とかでは、じつは本当に専門に特化した人というのは番組に呼ばれていないのですよ。たとえば、理系のテーマなのにコメンテーターの中に理系の学者がいないというケースがわりとあるわけです。それはどうしてなのか。たぶん、理系の人が議論すると話がすぐ終わってしまうから……。

理系の人というのは「こういう資料があります、実験の結果はこうでした、なのでこれが結論です、以上」という話し方で済んでしまいます。その先は、「逆の証明があればお願いします」みたいな「建設的」な議論にならざるをえません。そう言われてしまうと、「そうですね」と合いの手を入れるか「こういう実験もあるので、その実験方法がよくないんじゃないんですか」みたいな突っ込みぐらいしかできないわけです。

つまり、理系の人たちが集まると、そもそも「あーでもない、こうでもない」という

「非建設的」な議論にはならないのですよ。要は、文系の人は事実を放っておいて感情、つまり「その人の思い」で話すから、意見の食い違いがそこここで起こって、番組が成り立つ討論時間がかせげます。けれども、ちゃんとした理系の人を呼んだら討論の時間が短くなって、そもそも番組が成立しないというわけです。

おいらはもともとプログラム屋さんなので理系の人です。

プログラムが動くかどうかは、当たり前ですが感情とか人の思いなんて関係ないわけです。ちゃんとコードを書いたら動くというだけで、どちらのプログラムのほうが速いかみたいなことは、はっきり数字で出てしまうので議論の余地がありません。

要するに、理系の世界は厳しいのですよ。おいらはエンジニア歴がもう20年ぐらいになりますが、「だから、オレのほうが正しい」みたいな言い方はまったく通用しない。実際にコードを書いてみて、始めて3カ月の子のほうが「速いじゃん」となったら、もうどうしようもないわけです。とにかく正しいコードを書いた人の勝ち。

理系の人はだいたいそういう社会で生きていて、スキルという事実ベースで戦う以外にないのですよ。なので、文系の人とはちょっと違うわけです。

事実ベースの話でしか進まない理系の社会に慣れていると、わりと文系の社会は楽なのですよ。事実がなくても議論できたり論破できたりします。

企画会議とかで、「オレのほうが実績あるから、オレが言っていることのほうが正しいでしょ」みたいな、根性論的な上から目線の言い方が通用するとか、「正しさ」とはまったく関係ない過去の実績みたいなことで説得できてしまうのは、つまりそういうことでしょう。だからイージーなわけです。

理系の人は、さっきの話が早いというのと口下手な人が多いのもあって討論番組とかにあまり出てきません。けれども、「事実で説得する・される」というのが議論の本来のあり方なのだから、本当はそういう場に強いはずなのです。

理系の論文には、実験の手順や材料、証拠がはっきり書いてあります。「同じ実験を誰がしても同じ結果になりますよ、だから、事実はこうですよ」という書き方ですね。そういう「事実で説得する」、裏返すと「事実でしか説得されない」ことに慣れているのが理系の人なのです。

もちろん、文系の人でもこうした理系的な議論の進め方は十分に可能ですね。

要は、**事実ベースで話すことを意識するだけで、誰でも論破力を高めることができる**ということなのですよ。

「世界を思いどおりにしたい」から論破する

論理的に話し合うということは、こちらが論理的に勝ったときには、相手は負けを認めざるをえません。つまり、「論理」という土俵に上がっている人というのは、じつは御しやすいのです。「そんな理屈、知ったこっちゃねえよ」と、いきなり殴りかかってくるような人には通じないけれども、相手が論理でくる限り、たとえ小学生でも中学生でも、論理で勝ちさえすれば、自分の思いどおりに説得可能なわけです。

論理という道具を使うと、自分がどんなに不利な状況でも何とかなる場合があるということや、「自分のやりたいことを押し通すためには、この手を使うとけっこういける」ということに、おいらわりと早い段階で気づいていたと思います。

そしておいらの場合、昔から自分の中で**「思いどおりにしたい」という気持ちが強ければ強いほど、どうやら論破力が発揮されるよう**なのです。

中学生のとき、古典の授業が嫌いでした。あれは定期試験が終わったあとだったか、授業中に寝ていたら先生に怒られたことがありました。

そのときに「古典は何の役に立つんですか？」と聞いたわけです。数学は役に立つ、英語も役に立つ、現代国語も漢字が読めるようになるので役に立つ。けれども古典は、読んでいる大人を見たことがないし、役に立つとはどうしても思えない。だから「これを勉強することで、僕の何に役立つんですか？」と聞いた。そうしたら、古典の先生がうまく説明できなくて……。

たしか先生は「教養だ」みたいなことを言ってきたと思います。けれども教養だったら、フランス文学でもアメリカ文学でも『聖書』でもよくて、「日本の古典じゃなくていいじゃん」と言えるわけですよね。「古典に詳しい教養のある人になる必要はないと思うんです」とも言えるでしょう。なので、まったく納得できなかったわけです。

「教養があったほうがいい」というのは、自分に教養があるという自信がある人でないとかなり厳しい言い分だと思うんですよね。

知識というものは、人によって偏りがあります。古典以外の教養がないと、「じゃあ、先生は教養のある人なんですよね？　『聖書』のことを教えてください」とか言われたときに、ちゃんと説明できないでしょう。ぱっと答えられないと、「先生、教養足りないじゃないですか?」などと突っ込めてしまう……。

高校のときにもこんなことがありました。数学の代数・幾何《きか》の授業があまり好きではなくて、おいらマンガを読んでいたのですよ。

当たり前ですが、すごく怒られて授業もストップしてしまった。ただし、おいらはマンガを読んでいただけで、授業の進行を妨げるような迷惑なことは一切していません。なので、「先生が注意しなければ何も起きず、そのまま授業ができたのでは?」と言ったわけです。

さらに言い争いになって、最後に「こういう言い争いをしている時点で、時間がどんどん無駄になっているから、授業を妨害してるのは先生ですよね?」と言ったら、先生が「もう、いい」と引き下がって……。

要は、古典のときには「眠りたい」、数学のときには「マンガを読みたい」という強い願望が先にあって、つい先生に口ごたえしてみたら、結果的に論破できてしまったというわけです。

ただ、どちらも「理不尽」な先生だったらたぶん勝てなかったと思います。論理的に話す先生だったからおいらのほうが勝ってしまったのでしょう。

たとえば、「もうルールで決まっていて、先生に言われたとおりにするという制度なんだから従うしかないんだよ」という話なら、こちらも反論できないわけです。「文科省がやれって言っているからやれ」とか言われたほうが、ぜんぜんスッキリしたと思う。ただ、先生という職業の人はプライドが高めだからそういう言い方はできません。それは、つまり弱点ですよね。

要するに、「私、頭がいいんです」とか言っている人のほうが足をすくわれやすいということなのですが、このことは、またあとで説明しましょうか。

相手の議論の「あら」を見つける

昔から弱点を突いて楽しんでいたおいらです……

中学・高校では、テスト問題にケチをつけるというのもよくやっていました。早く解き終わると時間が余ってわりと暇なので……。

たとえば、理科のテストでは「正解はこれ」と一つの答えを選ばせます。けれども一つの問題に対して答えを一つに限定するためには、じつは、きちんとした「条件の設定」が必要だったりするわけです。

位置エネルギーというのがありますよね。「ある物が上から落ちるとき、高い所にあればあるほど仕事量は大きくなる」という、中学で習う基本的な物理の法則です。もちろん位置エネルギーは、重力がゼロだとゼロになってしまいます。

なので、「ある物が高さ100メートルの所にあるときと、10メートルの所にあるときでは、どちらが位置エネルギーは大きいでしょうか?」というような問題はありえません。

つまり、「ただし、無重力ではない」とか「重力は一定とする」とか、重力の条件が問題の中に設定されていないと、そもそも答えられないわけです。

そんな問題が出たら、「この設定だと、太陽がめちゃめちゃ近いことも考えられます。すると物が落ちないで上がっていきます。あまりいい問題ではないのでは?」みたいなことを書いて提出するわけです。

人の「あら探し」をするのが好きなのですよ、おいら子どもの頃から。「あら」というのは、その人の弱点だったりしますが、それを見つけて突くのは楽しいわけです。

あら探しがすごくうまい性格の悪い友だちも何人かいて、お互いに「これは嫌だろうな」と思う悪口をぶつけ合うという遊びをよくしていました。

ルールは「思いつく限りの罵《ば》詈《り》雑言《ぞうごん》をあびせること」。そして「悔しくなったほうが負け」。

おいらの場合、討論番組でもこの遊びに近いことをしているのかもしれません。どちらかというと、相手が嫌がることを言ってやろうと**相手の弱点を探りながら話していることが多い**ですからね。

怒りを引き出すと説得力が低下する

さっき言った何年か前の評論家さんとの対談番組でも「あら探し」をしていて、場の雰囲気はどんどん険悪になりましたが、おいらはずっと面白がっていたわけです。

「ネットの匿名での書き込みが問題」というテーマになったときには、評論家さんが「実名にすべき」派だったので、こんなやり取りがありました。

「（IPアドレスで本人を特定するので）名前はどうでもいい問題じゃないですか」とおいら。評論家さんは、匿名だとコストがかかると主張されていたのですが、まさにここが「あら」で、おいらは「いや、ヤマダタロウなのか名なしさんなのか、コストは一緒ですよね？」と突っ込みました。「IPアドレスを請求して、その人が誰かを調べるコストは匿名でも実名でもまったく一緒ですよ」なんてふうに。

議論が白熱してくると、相手の話をさえぎるように言葉をかぶせてくる人がいます。そうすると聞いている人がわかりにくくなるし、いい印象を持たれない。

人は怒りの感情にかられると、通常の行動パターンと違う行動パターンを取るようになります。つまり、その人の「これだけは言われたくない」ということを指摘する「あら探し」には、討論相手を怒らせて、それまでとは異なる発言を引き出す効果があるわけです。

たとえば、怒り出すと冷静な判断ができなくなりますね。多くの場合、**冷静さを欠いた発言というのは、論理性を欠くので説得力が低下します。**

討論の中で、どんな「あら」が相手の冷静さを奪うのか、怒りを引き出すカードを見つけ出して、それをどういうタイミングで出すのか。

相手の説得力がなくなる「特異点」をつくり出すことができると、とたんに論破しやすくなるわけです。

厄介な交渉を乗り切る小ワザ

ビジネスの交渉ごとで、普通に話し合って相手を説得できれば、怒りを引き出すという「カード」を使う必要はないと思います。ただ1枚持っていると、やはり有利に話し合いを進めることができるでしょう。

たとえばミーティング中、「今日は結論が出るまで話しましょう」みたいになって、「それはまずい、結論出たら負けるな」というときに、相手を怒らせることで、「話にならないから次回に持ち越したほうがよいのでは？」という展開に持っていくことができます。

要は時間かせぎなのですが、次のミーティングまでに新しい材料を用意したり、本当は進んでいなかった仕事をその間にこなしたりということができるわけです。

怒り出すまでいかなくても、不快感を持つだけで人は感情のほうにエネルギーを使うので、冷静さを失います。**不快感を持ってくれたら、その場を長く続けるのが嫌だというモ**

ードになるので、たとえば「じゃあ、次回に持ち越し」といった意見に賛成してくれる可能性が高くなるわけです。

おいらがやっている姑息《こそく》な例をちょっと紹介しましょうか。

たとえばその人が言った間違いを強調して繰り返し指摘すると、だいたいの人は怒り出しますね。たとえば、先に紹介した「イヌはサカナを食わない」と言って間違えた発言をした人が、また何か反論してきたとき……。

「でも、さっきもイヌのことで間違えたじゃないですか。いまのも間違いなんじゃないですか?」というような言い方をすると、仮にそれが100%合っていたとしても、人はカチンとくるものです。

「パーソナルスペースを狭める」というのもわりと使えます。会議で討論になったとき、相手のほうにちょっとずつ近づいていって距離を詰めて話すだけなのですが、人はそれだけでも違和感や圧迫感、不快感を持ち始めます。

中にはそれで怒り出す人もいますが、ただこちらの行動としては、単に座る位置を直しているだけなので、「怒らせるためにわざとやっている」とは誰も気づかないのです。

ただ役所関係との交渉ごとでは、担当者を怒らせてうまくいくことはほとんどありません。たとえば何か許可申請をして「これ、こうしたいです」「だめです」って言われたとき、窓口でキレる人がよくいますが、ほとんど無駄だと思います。

それよりも、わりとうまくいくのが**「じゃあ、どうしたらいいと思いますか？　できる方法を一緒に探しましょう！」**というような口説き方。そう言われると、役所の担当者は怒鳴られるよりも困ってしまうのですよ。

本音は「面倒くさいから断りたい」なのですが、職務上「考えません」とは言えません。役所というところは、必要な条件を満たしている書類は一応通さなければいけない。つまり、「ほかにどんな手段があるんでしょう？」みたいな書類を作成するための相談には、説明せざるをえないわけですね。

仕事だからって、別に仲良しこよしになる必要はないわけです。相手をその気にさせるのがいいケースもあれば、一時的に怒らせて互いに距離をとったほうがいいケースもある。それで自分の有利に運べば、いちばんいいじゃないですか。

とにかく、相手が勝手に怒り出したとしても、変に萎縮しないことですね。「おもしれー」くらいに客観的に相手を眺めて、策を練ればいいと思うんですけどね。

相手の「怒り」をかわすテクニック

高校時代、おいら友だちのテシバと一緒に宅配ピザ屋でアルバイトしていました。相手を怒らせるテクニックとは逆ですが、論破力にも応用可能なので、よくテシバが使っていた「客の怒りをかわす」テクニックを紹介しておきましょう。

ピザの配達は、花火の日とか超忙しいときには平気で2時間遅れとかになります。そうなると客のほうは「もう何か食っている」という状況で、そこに冷え切ったピザが届くわけです。客は当然、怒りますよね。

テシバはそういうときにどうするのかというと、怒った客と一緒に「ピザ屋に対して怒る」わけですよ。「本当〈おまえ、何時だと思ってるんだ！〉ですよね？　普通2時間とか〈ありえない！〉ですよね？」と**客の怒りを先取りするように怒鳴って、まるで客の味方のようにふるまう**わけです。じつは人間、自分が怒っているときに自分の味方を怒ることはできないものなのです。

その心理を突いて、「だから、こういう日にピザってどうかと思うんですよ。時間どおりなんて無理って、わかっているじゃん。〈注文、取んな！〉っていう話ですよね？」とか、ピザ屋の店員のくせに平気で言えてしまうのですよ、テシバは。

そう言われると、怒る相手がそこにいないという状態になるわけです。なので、客のほうが「おお、わかってくれるな、おまえ」みたいに納得して終わってしまう……。

いろんなビジネスシーンでこのテクニックは十分応用できると思います。たとえば、顧客からのクレームに対していろいろ言い訳をして納得してもらうよりも、クレイマーと同じように自分の会社や商品に対して怒ってみせて、**クレイマーの味方になってしまったほうが格段に早くおさまる**というわけです。

別の方法としては、怒られている最中に「自分の電話を鳴らす」とかもわりと効きます。電話の音が鳴ると、どんなに怒っている人でも瞬間、まず黙りますね。「電話、誰から？」とかになって勢いをそがれるわけです。

なので、誰かにかけてもらうとか、タイマーを鳴らすのでもいい。おいら、もめそうな相手と話すときにはけっこうケータイの音が鳴るように仕込んでいます……。

「遊び」と思えば、何でもできる！

議論している相手を怒らせることも相手の怒りをかわすことも、「こんなことしたら相手に悪いな」とか思っていたら、なかなかできないでしょう。テシバにしてもそうですが、「誠実な店員らしくふるまおう」などとは1ミリも考えていません。

なぜ、おいらたちは平気でそういうことができるのか。それは、じつは「遊び」だからなのですよ。ビジネスシーンの議論でも、おいらは基本的に働きたくない人なので、どこかでその仕事をまじめにやらなければいけないと思ってないのです。

要はおいらの場合、怒らせる技も怒りをかわす技も、ちょっとした嫌がらせにしても**「相手にどう思われてもいい。とりあえずどんなボールが返ってくるのか、面白そうだからやってみよう」**とやってしまえるわけです。そして**実際にやってみたら、けっこう自分の思いどおりのボールが返ってくる**というわけです。

そもそもおいら、人に嫌われるのがあんまり気にならない性格なのですよ。どんなときでもわりと客観的に見ていられるので、「ああ、この人はこういうことが嫌いなんだ、へぇ～」みたいに面白がる……。

誰にでも好かれたい派の人というのもいて、こういう人は他人に対していつでも同情的な態度を示すので、「何か嫌なことがあったときに、あの人と話をするとすっきりする」みたいに思われるタイプ。おいらは真逆で、嫌なことがあったときに話すと、その傷口にさらに塩を塗るようなことを平気で言ってしまうので、もっと嫌な気分にさせてしまうタイプです。

誰にでも好かれたい派の人は、人とのやり取りの中で気を遣ってきっとクタクタになってしまうと思うのです。

「嫌われてもしょうがない」くらいのスタンスで、仕事も人間関係も人生における遊びの一つだと思ってやれば、ぐっと楽に、そしてうまくいくと思うのですよ。

「好き・嫌い」は論破できる？

「これが好き」とか「これは面白い」とか、事実ベースではなくて**個人の主観による評価や判断については、討論してもしょうがない**とおいら思っています。

「私が好きだから、こうなんです」という言い方は、ビジネスシーンでもすごく多いのですが、答えのない分野はなるべく人に任せたほうが楽ですね。

たとえば、デザインとかネーミングの分野には触らないようにしています。いいデザイン、いいネーミングといっても、結局は「好き・嫌い」をベースにした個人の主観ですよね。つまり、いくらどう頑張っても答えがないから100点がない。

「すごくいいの作りました」「でも、こうしたほうがいいよね？」「はい、こうします」。また「すごくよくなりました」「でも、こうしたほうがいいよね？」と、答えがないのでいつまでも手直しできるわけです。

それに対して、おいらがやっているプログラムのほうは動いたらほぼ100点なので、「はい、終了」と言えるのですよ。

それでも、会社の会議などでは答えのない分野で議論しなければいけないこともあるでしょう。たとえば、商品デザインのA案とB案があってどちらにするかというときにどうしたらいいのか。

簡単ですね、**偉い人の言うとおりにすればいい。自分はA案がいいと思っていても、偉い人がB案のほうがいいと決めたらそれで議論は終了です。しつこく反論してはいけません。**自分がA案を押し通して失敗したら、あとで偉い人から「B案のほうがよかったかもしれないじゃないか」とか責められるわけです。偉い人が決めたB案での失敗なら、まず責められることはありません。

答えのないところで戦っても時間の無駄なのですよ。もう丸投げして「知ったこっちゃない」で済ませてしまったほうがいいと思います。

下手に口出しして失敗したら自分にも責任がくるという状況にいるよりも、失敗したら「あれ、どうなんすか?」とか、成功したら「おお、すごーい」とか言っていれば済むポジションにいることのほうが大事だと思うのですよ。

もちろん突き詰めると、「好き・嫌い」というような生理的な快感・不快感にも何か理由はあるとは思いますね。それがなぜ自分にとって好ましいのか、なぜ面白いのかということに答えはあるはずなので、よく考えてはっきりさせておいたほうがいいとも思います。たとえば、誰でも食べ物について「まずい」と言いますね。でも、じつは「まずい」という味はないわけです。よく考えると「しょっぱい」とか「辛い」とか「味が薄い」とか、別の言葉で説明できるのですよ。

ただ便利な言葉だから、よく考えずに「これ、まずいね」と言ってしまう。そして普通はそれで終わってしまいます。そうではなく、なぜ自分にとってこの料理はまずいのかとよく考えて、その理由がわかると「じゃあ、塩分を抜きましょう」とか、「辛さ控えめにしましょう」といった対策ができるわけですね。

要は**「好き・嫌い」を議論するのは不毛でも、「好き・嫌い」の理由を考えるのは有益ということ。**

さっきの商品デザインの例で言えば、偉い人の決定に従うにしても、「なぜ上司はA案ではなく、B案を選んだのか」と考えて、自分なりに仮説を立てて対策をしておくことは、とても大事なことなのですね。

議論はエンタメであり、ゲームだと思え！

会議に意味はあるか？

「討論番組はエンターテインメント」と初めのほうで言いました。ここであらためて、おいらが考える論破力について整理しておきたいと思います。

まず、世間の人がテレビやネットで議論だと思って見ているものは、何か答えを出すためにつくられたものではないということ。なので、そういう議論じたい、基本的にはおいらは無駄だと思っています。

きちんと何か答えを求めるとしたら、たとえば、学会とかで調査をしました、実験とかの結果はこうでしたというふうに、たしかな証拠を積み上げたうえで、みんなが「そうなんだ」と認めるような新たな事実が出てこなければならないでしょう。

そういう議論であれば、話は「そうなんですね。へえ、勉強になりました。ありがとうございます」という感じで終わって、ああだこうだと言い争いにならないはずなのです。

でも討論番組では、何か新しい事実が出てくることはほぼありません。出演者たちが自分の持っている知識をひたすらぶつけ合って、勝ち負けがつくように見えたりもするけれども、たいがい単なる言い争いに終始しています。

その意味では、**会社の社内会議というのも、おいら無駄だと思っています。**本来は、「こういう事実があります。それに対してこうしたいと思います。ついては決裁をください」と担当者が権限を持っている人に話したら、基本的には終わり。「こういうプロジェクトがあります。予算はいくらです」「その予算だと出せません。ここまで下げられるんだったらいけます」といったレベルのやり取りなら、そんなに議論の余地はないと思うのですよ。

本当に顔を合わせて会議をしなければいけないのは、たぶん文書が残せない類いの話でしょう。たとえば、解雇や機密がらみ、法にふれるのかどうか弁護士に相談しようみたいな話……。メールのやり取りが残っていたら、あとで面倒なことになるタイプの話を議論するのが、顔を合わせてやらなければいけない会議であって、そうじゃないものは、ほとんどメールで済む事実の積み重ねの話だと思うのです。

一方で、「こういうプロジェクト、すげえやりたいです」みたいな熱意がある人のプレゼンとかだったら、社内で集まって話を聞いてあげる意味があると思います。当然、観客が多いほうがプレゼンする人も燃えるでしょうからね。ただ、それだって別にくどくど会議をする必要はないのですよ。

あんまり意味がないのに、相変わらず社内で会議をやりたがるというのは、「みんなで決めた体《てい》にしたい」みたいな動機だと思います。

それは、たぶん「みんなで」というところがポイントで、つまり、社内会議はセレモニーなのですよ。セレモニーというのは、ある種のエンタメとも言えるでしょう。

しょうもない会議に、議論が強くなるヒントがある！

出口のない議論や長い会議に巻き込まれて、うんざりしたことのある人も多いかもしれませんね。

けれど、無駄な討論番組や役に立たないツイッター、意味のない会議というのがエンタメとして面白いか面白くないかで言えば、じつは面白いのですよ。

議論を楽しむコツは何か。それは、好奇心としての「知りたい」という気持ちを持つことです。

おいらの場合、そういう気持ちが特に強いように思います。議論を通じて「こういう場合はどう考えますか？」という自分とは違う考え方を知りたい。もしくは「きっとこう言うだろうな」という自分の予測が当たっているかどうかを確認したいのですよ。

返ってきた答えが想定内だったら「あっ、このパターンね、はいはい」だし、おいらの知らない説明の仕方で想定外の答えが返ってきたら「そういうことなんだ、へぇー」だし、「それなら、わかるわ」みたいなことで乗れる場合もある……というような、自分の考え方を含めて確認作業をしている感じが面白いわけです。

それは**本を読んでいる感覚に近い**と思います。つまり、まず興味があるのは「ある事実に対して、その人はどう考えているのか」であって、議論を通じて自分の意見で相手を説得するということには、それほど興味がない。

なので、ほとんど自分の意見は言わずに「質問」だけしていることもよくあります。たとえば、「つぶあんとこしあんどっちが好きですか？」という問いについて、おいらは、自分がこしあんが好きでも、「つぶあんが好きな人って多いじゃないですか？」などと質問から議論に入ったりします。

本の面白さというのは、書かれていることが事実かどうかは別に関係なくて、じつは文体やストーリー性だったり、論理展開だったりするわけです。

議論でも、たとえば「パンダは自分でチューインガムを食べられるんだよ」と言われたら、ほとんどの人は「ウソでしょ?」と疑ってかかって、その人の話をもう聞く気にはならないでしょうが、それだと議論は楽しめないのですよ。

なのでおいらは、「でも、パンダの指じゃ開けられないですよね?」とか、わりと「論理的」な突っ込みを入れたりします。

そして、その突っ込みに対して「でも、パンダの前足ってじつは指が6本もあって、こういうふうに紙を押さえて食べるんだよ」みたいな、整合性が取れているような「論理的」な返し方をされると、「へぇー、そうなんだ」と納得できて、本を読んだあとのように「あー、面白かった」と思えるわけです。

つまり議論の面白さは、必ずしも勝つことにあるのではないんです。

自分の知らない事実や、想像もできない考え方を知ることができる。それが議論をすることの楽しさだとおいらは思うのです。そう考えることができたら、息苦しい会議もきっと少しは楽しめると思うんですよね。

あえてちゃぶ台返しをする

討論番組とかでは、「設定されたテーマをあえて覆す」という技もたまに使います。たとえば、「人を殺すのはよいことか悪いことか」というテーマでこれから議論しますよというときに、「人殺しをテーマに議論することじたいよくないと思います」などと主張するわけです。

「人を殺していいという論理が仮に成立するとして、それを子どもたちが知ったらどう思うでしょうか？　こういうテーマは表立って議論をするべきではなく、ごくシンプルに、人は殺してはいけないというルールを守りましょうと繰り返し伝えるほうが社会にとってはいいのではないでしょうか？」

というぐあいです。この技と同じですが、ビジネスシーンでは「前提条件をあえて覆す」というテクニックをけっこう使います。

たとえば、新しいゲームの販売会議で、「こういうタイトルで赤と青のパッケージどっちがいい？」という議題のときに、「そもそもそのゲーム、売れないいんじゃね？」と、あえてちゃぶ台をひっくり返すような話をするわけです。

みんなで考えた結果、2択になった……と。そして「どっちが売れるかな」と議論している。でも、よく考えたら「それどっちも売れないいんじゃないの？」みたいな話というのは、けっこうあります。

「この三つの中から選んでください。どれがいいですか？」と言われると、「三つから選ばなきゃいけないんだ」とか「三つの中に当たりがあるんだ」といった誤解をしてしまいがちですが、「三つとも全部ゴミ」みたいな話はよくあるわけです。

こういうときには、**損失を抑えて会社全体を助けるために、あえてちゃぶ台をひっくり返す**わけです。

会社には、「新規事業をやる部署なら、必ず新規事業をやらなければならぬ」みたいなところがあります。アイデアを出さねばならぬ人たちが一生懸命にアイデアを出して、その結果、決めねばならぬ決定権者、担当役員だったりがゴーを出すわけですが、その前提にあるのは「必ずやらねばならぬ」です。

なので、「そもそもそれ、うまくいかないんだからやらないほうがまだマシだよ」という判断ができなくなる場合があるのですよ。

だから、**成功するか失敗するかを判断するとき、あまり主観で考えない**ようにしています。

「それは、どこに置かれるんですか？　店頭ですか？　ネットですか？」「店頭に置かれるとして、それは見た瞬間に何なのかわかりますか？」「それを買った結果、こんな楽しい世界が生まれるということは、ちゃんと提示されていますか？」

こうした事実ベースのことを、いくつか自分で考えたり担当者に質問したりしたときに、うまく答えられないプロジェクトには「やらないほうがマシ」と判断するわけです。

会議の場では「これ、使い方わかんなくね？」「これ、誰向けに作ってんの？」「ビックカメラの店頭に置いたって、こんなマニアックな商品、普通手に取らないよ」みたいな普通の突っ込みを口に出します。

要は、「あら探し」と同じような能力を使うのですが、「論破」と違って、担当者に「これはこうするんです」と説明されて「ああ、そうなんだ。じゃあ、なんとかなるかもね」と、自分の考えのほうを修正することもあります。

おいらの場合、ここ何年かはそういう会議に、経営者など決定権者のアドバイザー的な立場で参加することがほとんどです。おいらは役員をやっている会社でも基本的に決定権を持たないようにしていて、おいらと担当者の議論を通じて、決定権のある人が「あれ？」と気づくわけです。

おいらが「こういう落とし穴があったとき、どうするんですか？」と突っ込んだとき、担当者がうまく答えられなかったら、たとえ2択の状況までプロジェクトが進んでいても「じゃあ、ゼロからもう1回考えてみようか」と、決定権者の判断が変わったりします。

担当者からは「あいつ、途中からしゃしゃり出てきて、オレのプロジェクトつぶしやがった」とか、責められることもあるのですがね。

ただ、仮にそんな反対でおじゃんになったとしても、間違えていた部分を直してもっといいプロジェクトにすればいいだけだし、もしプロジェクトじたいが取りやめになっても、「やる前にわかってよかったね」というだけの話なんですけどね。

第2章

観客の心を揺さぶる論破テクニック

1対1は厳禁、必ず「ジャッジ」をつける

テレビやネットの討論番組には、必ずそれを見ている人がいて「誰が勝ったか、負けたか」を常に判断しています。じつはビジネスシーンでも同じで、議論の場にはそれを見てジャッジする人がいるわけです。つまり、大事なことは**目の前の相手と討論することよりも「見ている人に自分をどうプレゼンするか」**だと思うのですよ。

要は、そういうジャッジをする人たちがどういう基準で判断するのか、その人たちに何を見せるのかということを考えて、何個かある「勝ちパターン」の中から順番に試して、議論というゲームで勝とうとするわけです。

裏返して言うと、「ジャッジがいない状況では議論しない」が鉄則ということです。

たとえば42ページのデザインA案、B案で言えば、2人きりで議論してしまうと、本当は自分が決めたくせに、「あのデザインはあいつが決めたんだよ」などとあとで偉い人が

いくらでもごまかせてしまいます。

なので、**「第三者の証言が取れる状況」**が大事なわけです。1対1で言い争いをすることには、まったくメリットがありません。

要するに、なるべく「脇の甘さを出さない」ということなのですよ。

1対1で議論してしまうというのは、おいらに言わせれば、かなり脇が甘い。

そうして1個でも責めるパーツを相手に渡してしまうと、そこをガンガン責められてしまいます。責められ続けると人は簡単に落ちてしまうものなのです。

いろんな責め方があることは、それが得意なおいらはよくわかっています。責められるとすごく面倒くさいことになるということも……。

ジャッジを意識した議論の例をもう一つ挙げましょうか。

先に「人を殺すことはよいことか悪いことか」という議論の例を出しましたが、その議論の勝ち負けを判断する人が、子どもがいるお母さんだった場合には「子どもが殺されそうになって、目の前に銃があって、犯人を殺したら子どもが助かるっていう場合、お母さんは殺しますよね」と言ったら、たぶんお母さんたちは納得すると思うのですよ。

マンガを読んでいそうな子どもっぽい人、あるいは子どもだったら、「いま世界に悪い人がいて、その人さえ殺せば世界が平和になるとしよう。それ殺しただけで世界中の人が幸せになるんだよ。それだったら殺したほうがよくね？」みたいな、マンガとかにありがちな世界観で説明をすると、おそらく支持されるでしょう。

つまり、本当は目の前の相手とおいらの議論なのだけれども、ほとんどの場合は判断する第三者というのがいて、その判断する第三者に刺さるかたちの説明をするということが、議論というゲームの攻略法というわけです。

大事なのは、自分の目の前の言い争いをしている人がどういうタイプか、ではないということ。

あくまでも、**議論を聞いている人がどういうタイプの思考パターンを持っているかというところを読む。**

そして、このタイプだったらこういう切り口でいくと同意されるだろうなと予想して議論を展開することなのです。

「かわいそう」と思われたもの勝ち

おいらケンカは売られたほうが得だと思っています。テレビやネットの討論番組にしてもビジネスシーンでの議論にしても、要は「観客がいる口ゲンカ」ですよね。ケンカを見ている人たちが勝ち負けを判定してくれるわけです。

そういう議論の場には、じつは「被害者でかわいそうな人」というイメージを、いかに観客に植えつけるかというゲームの側面もあるのですよ。

世の中の人たちは、ほぼ被害者に肩入れします。なので「私は被害者ですよ」というアピールをすればするほど、観客のイメージはよくなります。

つまり**責められている、怒られている「かわいそうな人」というのをずっと演じ続けると、「大変そうだね」みたいな同情が集まって、味方が増えて、最終的に勝てるわけですよ。**

その意味では、負けそうなケンカほど、できるだけ大勢いるところでやったほうがいいし、わざと大きな声を出して人の注目を集めたほうがいいでしょうね。

討論番組で知らない専門用語とかが出てきたときには、「○○って、なんすか？」とちゃんと聞くようにしているのですが、中には「そんなことも知らないの」的に人を見下すような態度をとる人がいます。

そんなときは、じつはチャンスで、視聴者の同情を集める「弱者」の側に回ることができるのですよ。たとえば、「ボキャブラリー少なくて、すみません」「社会経験が足りなくて、ごめんなさい」「能力不足で、申し訳ないっす」みたいに、頭が悪いとかで責められている被害者、つまり弱者の立場をアピールするわけです。

おいら謝ることがまったく「苦」にならないのですよ。じつは、どこの誰に「土下座しろ」と言われても、けっこういつでもできる派です。

それはどうしてかと言うと、謝ることになんの重きも置いていないからで。謝ることはおいらにとって、単に「ごめんなさい、ごめんなさい」と声に出すことでしかなくて、要はどうでもいいことなのです。

だから「あ、これは責められたら絶対勝てない」というときには、もう100％平謝りできるわけです。

じつは、ひたすら謝り続ける相手を責め続けるというのはとても難しいのですよ。あれこれ言い訳する相手に対しては、その言い訳がそのまま攻撃材料になるので、いくらでも責めることができます。でも、「言い訳しません、ごめんなさい」とひたすら繰り返す相手だと、攻撃する材料が1個も増えなくて、結局はぐちぐち同じことを言い続けるしかありません。

裏返して言うと、単に謝り続けるだけで周りの人に「あんなに謝っているのに、しつこく責める嫌なやつ」という印象を与えることができるということ。つまり、平謝りしていると自然に「被害者」になれるわけですね。

たとえば、会社で上司に怒られたときに、言い訳しないで「本当すいません、本当すいません」とひたすら謝っていたら、周りから「ああ、同じことでぐちぐち責められてかわいそうだなあ」と、きっと同情してもらえるでしょう。

要は謝るだけで、怒っている上司が加害者、怒られている自分が被害者という構図に持っていけるというわけです。

謝罪が観客の心を動かす

知り合いにとても謝り方のうまい人がいて、すごく申し訳なさそうな顔をして「本当にすいませんでした」と言ったあとは、もうひと言もしゃべらない、とにかく無口……。

じつは、話さない相手に対して話しかけ続けるというのはかなり難しいのですよ。さっき言ったとおり、何か言い訳してきたらそれに対して反論できますが、ずっと黙っていられると、攻撃の材料がすぐに尽きてしまうわけです。

その知り合いはもともと口数の少ないタイプの人なので、その技が使えるのですが、おいらはキャラが違うので、残念ながら真似《まね》できない。おいらが黙っていると、どうしても「たくらんでいる感」が出てしまうので……。

まあ、たいがいの人はこの黙る技が使えると思います。だいたい3〜5分黙っていれば、いいでしょうね。頭の中で180、179、178……とカウントダウンしていたら、相手は言葉が続かなくなって、「もう、いい」と怒ることをあきらめるはずです。

おいらの謝り方は、ひたすら「ごめんなさい、ごめんなさい」「すいません、すいません」と連呼するパターンですね。相手に二の句を継がせないように……。

人に謝るときには心から謝る必要はないとも思いますね。そもそも100%自分が悪いと感じて謝っている人なんて、あまりいないのではないでしょうか。

「誰にでも土下座できる」とさっき言いましたが、それができるのは、じつは自分が悪いと思っていないからなのですよ。

そのときに**有効だと思ったカードが「ごめんなさい、すいません」という言葉だから、単純に謝るだけ**です。

つまり、相手や状況に応じて、こういう効果を生むというのが明らかにわかっているカードを切るだけであって、その意味では、おいらにとって謝ることも怒ることも笑うことも、あんまり差がない。まあ、簡単に言えば「そんなことは、どうでもいい」と思っているわけです。

もちろん、「すげえ申し訳ねえ」と思っていたら、ちゃんと謝ります。ただ結局は、自分がどう思っているかよりも、「相手がどう受け取るか」のほうが重要なのですね。

こっちが何を考えているのかなんて、相手には見えません。見透かされてしまうような気はするけれども、言葉でずうっと「いや、本当に心から思っています、申し訳ないっす」とか言っていたら、相手は信じるしかないわけです。

だからこそ、家族とかすごく近い人間関係では見透かされやすいので、「口先の謝罪」はなかなか通じません。つまり、どんなに謝っても奥さんには許してもらえないのですよ。

謝るタイミングというのも大事だと思います。討論番組とかでは、おいらは「相手が笑った瞬間」に「すみません」とか「ごめんなさい」と言うようにしています。

先に「専門用語とかを知らないと、見下すような態度をとる人がいる」と紹介しましたが、それと同じように、おいらの発言に対して、何かバカにしたように相手が笑うということがたまにあるわけです。

そのタイミングで「すみません」と言うと、視聴者の目には「笑われてダメなヤツが謝っている」と映って、完全においらが「弱者」になるのですね。

繰り返しになりますが、この社会の人の多くは被害者・弱者に肩入れします。つまり討論番組とかでは、弱者ポジションのほうが圧倒的に強いというわけです。

ただし、**「謝るというカードをいかに高く売りつけるか」**ということを、よく考えておいたほうがいいでしょうね。

たとえば、取引先がこちらのミスについて怒っているというとき。「ふだん謝らない人があんなに頭を下げてるんだから、ここはもうのみましょう」ということがあるわけですよ。ふだんからよく謝る人だとそのカードは当然ながら安くて、せっかく謝っても軽く見られて勝負になりません。あくまでも謝るコストが高い人がわざわざ謝るからそのカードの価値が高くなるわけです。

要は、勝負カードはなるべく温存しておいて価値を高めたほうが得ということなのですよ。「ごめんなさい」とか「すみません」が口癖になっているような人は、気をつけたほうがいいと思いますね。

場の〝メインパーソナリティー〟を見抜く

討論番組とかで、人が説明しているときにそれをさえぎろうと言葉を一生懸命かぶせてくる人がいるじゃないですか。でもおいらは、どんなにじゃまされても自分の論を最後まで言い切るようにしています。

ただ、そのときに大事なことが二つあって、

①議論をしている相手ではなくて、番組を仕切っているメインパーソナリティーのほうを見て話す。

②できるだけ大きな声で話す。

ということ。要は、収録の現場で「この人にしゃべらせたほうがいいな」という空気をつくると最後まで話せるし、あとでカットもされずに放送されるというわけです。

討論番組とかでは声が大きいほうが有利ですね。それだけで現場では相手が突っ込みづ

らい状況になります。

また、人間というのは複数の人たちが言っていることを同時に聞くことがすごく苦手です。なので、おいらだけが画面に映って話していると、視聴者にはおいらの言葉だけが聞こえるような状態になります。

つまり、たとえ相手がかぶせている言葉が放送されても、それは単なるノイズであって、「なんかちゃちゃを入れてるな、うるさいな」と相手にとってはマイナスの効果しかなくて、おいらにとってはプラスの効果になるのですよ。

なるべくメインパーソナリティーに向かって話したほうが有利というのは、考えたら当たり前の話で、番組の主役が興味を持った議論を中心に収録を進める、編集をするというのは、いわば「お約束」です。

要するに、番組の制作者はメインパーソナリティーがまったく話していなくてもちょこちょこ画面に入れたい。なので、できるだけたくさんいい表情がほしい。だから出演者はメインパーソナリティーのほうを見て、その人にわかるように、興味を持ってもらえるように話すことが大事というわけです。

これは会社の会議とかでも同じです。たとえば、社内会議のメインパーソナリティーは上司でしょうから、その上司の喜ぶことを大きな声で言っている人のほうが評価が高くなったり、意見が採用される確率は上がるはずです。

たとえば、サッカー好きの上司だったら「この金額は、イニエスタの年俸の45%ですけど」とか、その手の小ネタを入れてみてもいい。

もちろん、会議のテーマじたいについて、「この上司はこういう意見を求めているはずだ」という仮説を立てて発言する。あるいは、「こういうことは上司も知らないだろう」といった新鮮なデータを示すことも、興味・関心を持ってもらうためには有効でしょう。

キーパーソンが1番上の上司ではなく、じつは2番目、3番目の人というケースもありますね。その場のキーパーソンは誰なのか、いち早く見極めることも大事になってくるのです。

2人きりに持ち込まれた議論のコツ

「ジャッジがいない状況では議論しないが鉄則」と先に述べました。要は、密室で2人きりで議論するべきではないということですが、ジャッジがいないと単に感情のぶつけ合いだけになってしまうのですよ。だからおいら、家庭内で口論するのが苦手です。

ただ、どうしても2人きりになる場合がありますね。たとえば、会社で先輩から小部屋に呼び出されてお説教。誰も見ていない、捕まって逃げられない状況……。

そんなときは、まずとりあえず一方的に言わせておく。その場では、こちらは聞いているだけでいいんです。

お説教がひとしきり終わったら、「わかりました、本当申し訳ないです。ちょっと整理させてください」とか言って、速やかに自分のデスクに戻ります。

そして、その案件にかかわっている人が見られるメーリングリストに、「これこれについて、こういう指摘をいただきました。これにつきましては、自分はこう思っています」みたいなことをアップする。そうすると、それを読んだ人たちがジャッジになるわけです。

きっと先輩もメーリングリストで反論するでしょうが、観客のいる場所で議論したほうがお互い感情的にならずに済むので、話は早く終わるはずです。

時間差が生まれてもいいから観客のいる場所を必ずどこかにつくって、ジャッジの前で議論するようにする。

これは論破力を高めるうえで、けっこう大事なポイントです。

なにもメーリングリストに書き込む必要もありませんね。会社なら上司が決裁権を持っているでしょうから、お説教された次の日にでも上司が見ている前で、わざと話を蒸し返してやればいいだけです。

「先輩すいません、昨日の話なんですが」と声をかけて、バトルを再開する。普通の上司であれば、そういう部下たちの議論を見過ごすことはありません。「おまえら、それはな……」などと、ケンカ両成敗的な決着をつけてくれる可能性が高いでしょう。

つまり、議論の強制終了で、少なくとも引き分けには持ち込めるというわけです。

論破力は想定力

じつは、討論で選択できる反論パターンというのはそんなに多くありません。

普通に会話していても、「相手がどんな返しをするのか」ということは、ある程度想定しながら話していますよね。裏を返せば、「いい天気ですね」に対して「うんこ食べたいですね」と返ってくることは、想定していないわけです。

普通は「はい、そうですね」とか「いいえ、違いますよ」とか、まず肯定か否定かの二択から入って、そのあとで会話の材料を小出しにしていきます。

それは討論でも同じなのですよ。ほとんどの相手は、おいらの意見を否定したい人たちです。つまり「いいえ」からくることは、ほぼ確定。「いいえ」に対してどんな材料を出してくるかというのも、だいたい想像がつく。

「こういう球がきたら、こういう球を返そう」と想像しながら話していて、反射的に投げる球も決まってくるわけです。

要するに、**自分が話している最中から相手が何を返してくるかある程度想定して、次に投げる球を用意しておく**わけです。

たとえば、おいらはスイカに塩かけるのが嫌いなのですが、スイカに塩かける派の人は、よく「塩をかけるとスイカが甘くなる」と言います。

塩じたいは甘くないから、甘くなるというのは当然ながら「ウソ」ですよね。なので、「別にスイカじたいは甘くなっていないじゃないですか？」という「事実」の球を投げます。

ただその球に対して、「でも、スイカが甘く感じるからこっちのほうがおいしい」という球が返ってくるのは、すでにわかっているわけです。

本当に甘いものに塩をかけるとおいしくなるなら、スイカ以外にもかけているはずですよね。それにスイカに塩は、ほかの国にはあまりない行為です。

多数派ではないので、どういう文脈でその人がスイカに塩をかけているのかというと、ほとんどは「うちの家では……」というような「習慣」に基づいているわけです。つまり、別に甘くなるから、おいしくなるからではない。

だから、「じゃあ、イチゴに塩かけます？　じゃあ、チョコレートに塩かけます？　それって、習慣だけじゃないですか？」という反論を用意しておくわけです。

これで相手は「う〜ん」と言葉に詰まって、「はい、終了」です。

ただ中には、「いや、チョコレートに塩かけますよ」とか「そう、塩キャラメルとか塩飴とか、甘じょっぱいのっておいしいですよね」とか、ぜんぜん言葉に詰まらないタイプの人がいて……。

こういうタイプには、「市販の甘いお菓子に塩をかけますか？」という、**YES・NOどっちに答えても逃げ道のない質問**をします。

「塩をかける」って言った場合には、「ほとんどのお菓子は、買ったままの状態で食べるのを想定して売られていて、多くの人がそれでおいしいと感じているから売れてるわけです。なので、あなたの味覚は一般の人とは違うかもしれませんね」と返す。

「塩をかけない」って言った場合は、「塩をかけなくても十分甘くておいしいってことですよね？」って返しをすると思います。

こんなふうに、こっちが投げた球に対して、うんこ食べたい的な思いがけない球が返ってくることがあって、それはそれで想定力のトレーニングになるわけです。

たった一つの「例外」で論破できる

「例外を出していく」というのは、おいらが討論のときによく使う技の一つです。

たとえば、「人を殺すのは悪いこと」というすごくわかりやすい当たり前の常識がありますよね。

ただ、「人を殺すのは悪いことなので、絶対にしてはいけません」と言ってしまうと、相手は例外が出せるわけです。

「戦争で人を殺している兵士は、みんな悪い人ですか?」というのは、子どもでも思いつく例外でしょう。そう聞かれたときにどう返すのか。じつは、反論が難しくなってしまうのです。

戦争状態という「偉い人」が命令した場合には「人を殺してもよい」ということであれば、アメリカの大統領が命令した戦争で米兵が相手を殺すのと、ISIS(過激派「イスラム国」）の偉い人がＩＳＩＳの兵士にテロをやってこいというのも差がないわけで、「人を殺してもいいってことですよね？」とか言えてしまうわけです。

戦争でなくとも、「誰かを助けるためだったら殺してもよい」といった反論も例外の一つですよね。たとえば、街中に爆弾を抱えている犯人がいて、「いますぐ俺は爆弾と一緒に死んでやる」とわめいている場合、周りにいる５００人が死ぬかもしれないという状況であれば、その犯人の頭を狙撃した警察官は「正解」でしょう。

「どんなときでも人を殺すべきではない」と思っていた人に対して、「そうじゃない場合もある」ということを認めさせた時点で、おいらの勝ちですよね。

世の中には、だいたい例外というものがあるのですよ。

一つでも例外を示して、**「それって真実ではなくて、〈場合による〉〈条件による〉っていうことですよね」**と確認したら、相手は「ええ、まあ、そうですね」と同意するしかないわけです。

つまり、相手の議論に対して例外を出せると、こちら側の主導権で話の切り口が変えられるわけです。

「絶対」は禁句

裏返して言うと、討論では「絶対」とか「必ず」とか「明らかに」とか、いわゆる強調法が口癖になっているような人は、だいぶ不利だということです。つまり、足をすくわれやすい。自分からハシゴをかけてあまりにも高く登っていくと、ハシゴの下のほうを外すのが簡単になってしまうのですね。

「**多くの場合**、人を殺すのはよくないですよね」という言い方なら、もう反論のしようがない。「まあ、たしかにそうですね」で終了です。けれども「絶対によくない」とか言った瞬間に、自分で弱点をつくってしまうというか、逃げ道をふさいでしまうわけです。

「多くの場合」と「絶対」は似ているようでいて、ぜんぜん言葉の定義が違います。だからおいらは「絶対」のような断定的な言葉はほとんど使わないですね。

それはビジネスのときも同じで、たとえばウェブ制作の企画会議とかでも、「絶対うまくいきますよ」とは言いません。**「けっこうな確率で成功すると思いますよ」みたいな言い方をして、逃げ道を残しておく**わけです。

「けっこうな確率」というのは、じつは何も言っていない言葉。だから便利なのですよ。

「けっこう」には「それなりに十分、予想外に十分」という意味があるので、数字ではありませんが確率という言葉と相性がいい。しかも人によって解釈が違っても許される言葉というところがポイントです。

つまり、あとで失敗したときに「五分五分の意味で使ったんですよ」とも言えるわけです。これが「80%うまくいきます」だと、かなり言い訳しにくいですよね。

「ネットと犯罪」みたいなテーマで、討論番組とかに呼ばれることがよくあって、おいらが「韓国ではネットは登録制だが犯罪は減っていない」という事実を言ったら、こんな言い方で反論するゲストの方がいました。

その方は、「明らかに」インターネットの生放送や動画によってユーザーを巻き込む形で投稿者が快感を得ているので、犯罪は増加しているといった反論をされていました。

そこでおいらは突っ込んだわけです。

「それ〈明らか〉じゃなくてあなたの感想ですよね?」

ゲストの方はそれを認めるしかありませんでした。

「明らかに」という言葉を使って、あたかも事実であるかのような言い方をしたので、それはよろしくないなと思って、わざわざ確認したわけです。

というのは、テレビを見ている人たちの中には「へぇー、そういうことがあるんだ」と、テレビに出ている人が言うことはなんでも「本当のこと」と思う人がいるからで……。

当時、おいらはちょうどニコニコ動画の仕事をしている時期でした。もちろん「動画サイトが悪い」という意見を止めることはできませんが、「動画サイト=悪い」が事実のようにテレビで流れるというのは、大げさに言えば死活問題です。

なので、「いまのは事実ではない、個人の意見ですよ」ということを視聴者にちゃんと伝える必要があったという面もあるのですがね。

「思う」は否定できない

この「逃げ道をつくる習慣」というのは、2ちゃんねるの管理人時代にしばらく裁判所通いをしていたことがあって、たぶんその副作用です、おいらの場合は……。

1週間に2、3回は裁判所に行っていて、法廷トリプルヘッダーというのもありました。その中で、事実確認というのがあって「それは間違えていました」と訂正すると、裁判官の印象が悪くなるわけですね、「あっ、こいつ証言をひるがえしたな」と。

つまり裁判では、基本的に間違ったことは一切言わないほうが有利なのですね。なので、**「じつは何も言っていない言葉」を使う**習慣が身についたわけです。

「何々です」と言い切らないとか、明確な数字ではなく「だいたい」で言うとか……。

「じつは何も言っていない言葉」の代表は「思う」でしょう。自分が思ったことは事実だから、他人はその内容を否定できないわけです。

たとえば、「あの人はケーキ好きです」という言い方だと、本人が嫌いという事実があったら、「いや、あの人はケーキ嫌いですよ」と「間違い」として否定されてしまいます。

けれども「ケーキ好きだと思うんです」という言い方なら、たとえ本人がケーキ嫌いであっても、こっちが「思ったという事実」まで否定されるわけではありませんね。

つまり、「いや、嫌いですよ」に対して、「でも、そう思ったんです」と返しても、別に間違ったことは言っていないわけです。

そういう逃げ道を用意しておける言葉が、「思う」なのですね。

ちなみに弁護士さんも、基本的には裁判官の前では断定口調で話しません。「本人、そのような方向で主張していくと思います」という言い方をよくしていました。

「条件」を制限する

討論番組でよくありがちなのは、「こうしたいという思いが強い人」がいて、その思いと実際とが食い違っている場合でも、自分の思いに都合のよい材料だけを集めて議論してしまうということです。

こうしたタイプの議論の仕方は、そうではない材料を1個でも出したとたん、簡単に崩すことができてしまいます。

たとえば、「いま世の中でイチゴケーキが流行《はや》っている」と主張したい人は、お店の売上高や人気投票で「イチゴケーキが1位だった」というような材料を集めて発表しがちです。

それに対して、「ある雑誌のスイーツランキングではマロンケーキが1位だった」という1個の材料を持ち出すだけで、「本当は、流行っているのはイチゴケーキじゃなくて、マロンケーキじゃないですか?」と反論できてしまうわけです。

実際には、世の中でイチゴケーキが流行っていたとしても、流行っていない証拠を1個出してしまったら、もうそれで終わってしまうわけです。

要は、証拠もなく自分の意見を通すのはすごく難しいという話なのですが、ただ、材料集めのコツというのがあって……。

「世の中」などと範囲を目いっぱい広げてしまうから、例外のない証拠を集めることがほぼ不可能になってしまうのです。こういうときには、じつは**範囲を狭める「条件」をつけて証拠を集めたらいい**だけなのです。

つまり、まず「若者の間ではイチゴケーキがけっこう流行っている」と条件を制限した仮説を立てるわけです。そして、たとえば若者に人気の店を何軒かピックアップして、それらの店でイチゴケーキが売れ筋1位になっているかどうかを確認します。

ケーキの人気ランキングのサイトとかでイチゴケーキが1位かどうかを確認してもいいのですが、もしイチゴではないケーキが1位だとしたら、そのランキングのサイトの調査対象が若者に限定されているかどうかを必ず確認しておくことが大事ですね。

「このランキングのサイトではマロンが1位でしたよ」という反論に対して、「あー、そのサイトは調査対象を若者に限定してないので、若者の意見ではないので除外しました」

という言い方ができるわけです。

もちろん、若者だけを調査対象にしたランキングがあったらそれを出せばいいだけなのですが。

「別の〈若者に人気のケーキランキング〉ではマロンケーキが1位だったよ」と指摘されても、初めから「けっこう」とぼやかしているので、いちいち反論しなくても、「あー、そうですか」程度で、だいたいスルーできるでしょう。

感情移入をしない

主観が入りこんだ議論は不毛

討論番組とかネットの議論とかでありがちなのは、ある人がやった行為じたいの話とは別に、その人間が善であるか悪であるかという、その人間じたいがどうなのかを先に持ってきて話を展開してしまうパターンです。

「すげえ嫌なヤツだけど、この人がやったことじたいは違法ではないよね」というような行為じたいの議論をするのが当然でしょう。けれども、なぜか「嫌なヤツだから悪い」と言ったり、「すげえいいヤツなんだから多少悪いことしても許そう」と言ったりする。そういう感情的な言い方がけっこう多いのです。

なぜそうなるのか。たぶん**みんな、物事に思い入れが強すぎる**のですよ。

人間に思い入れがない人は、普通に事実ベースで「この点についてはこうでした、この点についてはこうなりました」という切り分けができるわけです。

議論の対象、特に登場人物に対して思い入れが強すぎると、「この人はかわいそうな人だ、だから大好き」とか「大好きだから、かわいそう」みたいな感情移入だけで議論してしまいがちです。

おいらは登場人物に対してあまり感情移入ができません。友だちに対しても「こいつはいいヤツだから悪いことは絶対しないだろう」みたいな思い込みが持てない。なぜなら、そんな人間はいないから。

だいたい一皮むいたら人間、悪いヤツじゃないですか。「こいつダメなヤツだな」みたいなのばっかりなので、世の中……。自分のことをちょっと振り返ってみれば、普通そう考えると思うのですがね。

先に「本人が思ったことは否定できない」と述べました。思い入れが強くて感情移入している状態というのは、まさにそれで、要は主観の言い合いになって、まったく議論にならないわけです。

ちなみにおいらの場合、思い入れが強くなるのは「このゲームが面白い」とか「この映画が面白い」といったテーマですが、それは完全に主観の話になるので、そもそも議論が成立しないと思っています。たとえば、「ドラクエ、すげえ好き」と言っている人に対して、なぜドラクエは面白くないかをいくら説明しても、その人のドラクエが好きなのは変わらないでしょう。

要は、**主観には答えがないので本質的には説得が不可能**ということ。なので、主観が交じる議論というのは「やるだけ無駄」度が高いわけです。

「私が傷ついた」「これがおいしい」「この曲が好きだ」「これがおしゃれである」とか、誰かの主観の要素が必ず入るものは、絶対に事実になりません。つまり、「そう思わない」という人に有効な反論はないということです。

そういう類いの議論では、どちらに与《くみ》しても負ける可能性があります。なので、議論に参加してもいいことがない。だからおいらは、なるべく主観の議論には加わらないようにしているのですよ。

思い入れがないほうが得をする

「日本経済は今後どうなるか」というような答えのない議論を見聞きして、どの意見を支持するか、判断に迷うこともあるでしょうが、答えがないわけですから別にどちらでもいいわけです。

おいらの場合、「こうなんですよ、なぜならこういうことがあってね」というような新しい知識をくれるタイプの人の発言は、「へえー」と聞き入ったりすることもあります。ただ、そういう知識にしても、ニュース記事とかを読んでいれば事足りると思っているので、その人に特別に感情移入をして、その主観まで支持するということはほとんどありません。

また、「目玉焼きにしょうゆとソース、どっちをかけるとおいしいか」的な、答えがない議論で場が盛り上がっているときは、「ニヤニヤ見ていればいい」と思います。

そのときAさんとBさんが対立したら、どっちか好かれたいと思ったほうに乗ったらい い。「わかります、わかります。目玉焼きにはしょうゆ、ですよね？」みたいなことをとりあえず言っておくだけでいいと思います。

感情移入がないからこそ、そうした「損・得」で判断できるというわけです。損・得というと、ちょっと聞こえが悪いかもしれませんが、事実ベースの議論ができない感情移入している状態よりはずいぶんマシでしょう。

要は、思い入れが強ければ強いほど説得力は弱くなるということ。「独りよがり」というのは、きっとそういう状態なのですよ。

定義が曖昧な言葉・難しい言葉は使わない

人間には「わかりやすいものは正しい」と判断してしまうバイアスがあるそうです。

たとえば、すごく濃い黒い文字とすごく薄いグレーの文字では、どちらが正しそうに見えるのか。同じ内容であっても、多くの人が黒くはっきり書いてあるほうを正しいことが書いてあると判断すると言います。

なので、難しい言葉をあまり使わないほうが、じつは人を説得しやすいのですよ。

「80%のコンセンサスが得られました」みたいに、わざわざ横文字を使って説明する人もいます。横文字に弱い相手ならだまされるかもしれませんが、普通の人は「コンセンサス？　何言ってんだかよくわかんねえ」となって、結局「こいつは信用できない」で終わってしまうでしょう。

なので、「8割の人がこれはいいと言ったんですよ」とか、わりと**平易な日本語で言う**

ようにしたほうが、人は納得してくれる確率が高いというわけです。

もちろん、根拠がないときは「横文字を並べてごまかす」というのも技としてはあるし、「オレって横文字がわかってるんだぜ感」を出したい相手には、横文字を多めにして、「海外にはこういう事例があります」みたいな話をしたほうがいいのですがね。

ただ、そうではない普通の人が相手だったら、わりとその人の生活に即した言葉でその人のわかる例で言ったほうが納得してもらいやすいのですよ。

ただ、簡単な言葉でも「定義が曖昧《あいまい》な言葉」は使わないほうがいいと思いますね。

たとえば、ネットに批判的な人で、何かにつけて「文化」がどうのこうのと言いだす人がいますが、そういう人はだいたい議論で負けます。そもそも「これは文化で、これは文化じゃない」ということは、客観的に区分できないじゃないですか。

そういう定義が曖昧なものは主観でしか話せないはずです。なので、どうやっても勝てないというわけです。

投稿動画は「既存のもののコピーだったり評論だったりして、オリジナリティが何もないですよね。だから文化とは言えないでしょ？」といった批判に対して、「曲を作るユーザーがいてそれをニコニコ動画にアップして、その曲に対して別のユーザーが振り付けをして、また別のユーザーがそれを踊っていたりする動画がけっこうありますよ」と説明しても認めてもらえないこともあるわけです。

なので、「違いますって言われても、僕はニコニコ動画の管理人やっていたんで、僕のほうが詳しいと思うんですよ」とか言うと、それで終了ですがね。

ともあれ、文化のような、定義が曖昧な難しい言葉は使わないようにして、相手にとって身近な言葉を意識的に使うようにするだけで、かなり説得力が増すと思いますよ。

発言しないヤツはノーバリュー

ビジネスの会議とかで、なんにも発言しなくてただ座っているだけの人たちがよくいて、いつも「この人たち、なんだろう？」と不思議に思っています。ぜんぜん話す材料がないのか、興味がないのか、若手で勉強中みたいな人もいるでしょうが。

ただ、会社は社員1人ずつに人件費を払っているわけです。1時間の会議でなんにも発言しない、「別にあとで議事録見ればいいじゃん」とか思っている人が4人いたら、会社にとってすごいコストなのですよ。

会社が正社員1人を雇っているというのは、たとえば1カ月30万円の給料以外にも、福利厚生費用だったり事務費用だったりオフィスの管理費用だったり、1人の雇用を維持する必要経費として1カ月60万円くらい払っているということ。つまり、1カ月の勤務時間を1日8時間×22日間とすると月176時間なので、1時間で給料1700円+経費34

00円＝5100円くらい、正社員1人につき雇用の維持費がかかっているわけです。

つまり、**1時間の会議で何もしない4人というのは、会社にとって2万円くらいの無駄。1カ月5回の会議があるとしたら10万円の無駄**というわけです。

それなのに「10万円の広告を打つか、打たないか」みたいな話をしていて、会議に参加していると、やっぱり「こいつらクビにしたほうが、ぜんぜん得じゃん」とか思ったりするのですよ。

10万円、20万円の決済に時間をかけるというような、「この時間のほうが、じつは損ですよね」という会議がけっこうあります。「むしろ、払う・払わないをサイコロで決めたほうがまだ会社としては得」というわけです。

要は、発言する・しないにかかわらず、その会議をしているだけで人件費とかで20万円飛んでしまう……と。「15万円までだったら、払う・払わない、さっと決めたほうが得だよね」みたいなことが、ビジネスシーンでは、往々にして起こっているのですよ。

もちろん、会社それぞれに事情があるので、別に会社がいいならいいとは思いますが、たまに、ちゃぶ台返し的に「この議論じたい、時間の無駄ですよね」と指摘することもあります。「答え出ないですよね？　だったらお互いに証拠なり資料なりが集まるまで、この話するの、やめませんか?」といったぐあいに。

そういうネガティブな提案でも、大勢が見ている場でちゃんと発言して、ジャッジをはっきりさせるようにしています。

おいらの場合、その手の会議ではアドバイザー的な「外様」の立場のことが多いので、判断する人とか証人がいないとリスクが多いので。根回し的な「あとでこっそり話す」というのが下手ということもありますがね。

論破しても恨まれない方法

会社の会議とかで論破するときには、「人の問題」にならないように議論を持っていくとそれほど恨みを買わずに済みます。

たとえば、その人の意見を否定するというかたちにしないで、「いまA案、B案、C案が出ました。A案はこういうメリットがあって、B案はこういうメリットがあります。でも、両方ともこういうデメリットがあるので、C案のほうがよくないですか？」というふうに、**誰それの意見ではなくて、あくまでもA案、B案、C案という中身だけの話にする。**

それでみんなが「C案がいいよね」となったら、A案やB案の提唱者は誰かといった「人の問題」に議論はいかないはずなのですよ。なので、「くそ～、オレの意見を否定しやがって」みたいな個人的な恨みを買わずに済むというわけです。

困ったことに、世の中には「意見の否定」と「人格の否定」をごっちゃに受け取るタイプの人が少なくないのですよ。なので、反対されるとすぐムッとするタイプの人には慎重に言葉を選んで話したほうがいいでしょう。

でないと、そういう困った人たちは意見の否定なのに人格の否定だと勝手に受け取って、ずっと感情的に反論してきます。

会議とかでも「もっといいアイデアを出そう」ではなくて、「遅刻をするような人には言われたくない」みたいに本題とはまったく関係なく、反論することじたいが目的になってしまうわけです。

そうなると、もう埒《らち》が明かない。なので、こちらが気を遣って話すしかないというわけです。

ほかにも、企画会議とかでは、相手が自分から意見を取り下げるように仕向ける技も、おいらはわりと使っています。

それはたとえば、**「みんなでシミュレーションしたら、A案はこう、B案はこうなりましたよね。なので、A案のほうがいいと思うんですけど、B案を押し通したいならどうぞ」**というふうな言い方。

相手がB案を推すなら、A案がいかによくないかだけでなく、みんなが了解しているシミュレーションじたいが間違っていることも説明しなければなりません。つまり、それができないときには自分からB案を下ろすしかないわけです。

もちろん、それでもB案で押し通すという人はいますが、企画がうまくいったらいったでぜんぜん問題ない。ビジネスパートナーなのだから当たり前ですね。うまくいかなかったらいかなかったで「あのとき、決めたのは誰でしたっけ？」と言えるので、決してこちらの責任にはならない。つまり、恨みを買うこともないというわけです。

また、おいらが推したA案はシミュレーションに基づいてみんなで決めた体裁になっているので、たとえ失敗しても「シミュレーションの間違いがわかってよかったですね」とか言っておけば、それで話は済んでしまうのですよ。

ひろゆき流キラーフレーズ①
「いま、なんで過去形ですか？」

「面倒くさいヤツだと思われたくない」と、言いたいことも言えずのみ込んでしまう人が多いかもしれません。これも嫌われたくないという心理の一つなのでしょうね。

おいらの場合は逆で、ビジネスシーンでは**「こいつ面倒くさそうだオーラ」をなるべく出す**ようにしています。

そうすると、ほとんどの人は突っかかってきません。会議とかではそれほど議論にならずに自分の言い分が通るので、陰で「あいつ、ムカつく」とか言われているタイプなのでしょうがね。

面倒くさそうな人に対して、わざわざ攻撃する度胸のある人というのは、世の中そんなに多くないので、面倒くさそうだと思われているほうがなにかと楽なのですよ。

面倒くさそうだオーラを出すのはじつは簡単で、できるだけ細かいところにかみつくようにするだけです。いわゆる言葉尻を捉えることが、おいらけっこう好きで、だから相手は「きちんとしゃべらないと、またかみつかれる」と、勝手に恐れてくれるわけです。

たとえば、なにか進行中のプロジェクトについて会議があって、その進捗《しんちょく》状況を「あれは、こうでした」と誰かが報告したとします。そのときに「えっ？　いま、なんで過去形で言ったんですか？」と、すごくしょうもないところを突っ込む。

「現在形で言っていないということは、どこかでそれが終わったということですよね。なにか状況が変わったということですか？」とか、それがあたかも重要なことのように突っ込みます。

それは、別に「すみません、言い間違いでした」で終わってもかまわない。そういう突っ込みを何度か繰り返していると、出席している人たちが「あっ、こいつ面倒くさい」と思うようになるのですよ。

「なんで過去形なんですか？」というのは、報告している人にとっていわば予想外のボールです。どうしていまここでそんなボールを投げてくるのか、ほとんど理解できません。

予想どおりのボールのほうが相手は受けやすいし、攻撃もしやすい。ところがおいらは変なボールをよく投げます。受けにくいし、攻撃もしにくい。要は、コントロール不能なタイプに思われているわけです。

人間は理解できないことに不安を感じる生き物なので、その不安が「逆らったら何をされるかわからない」という恐怖にもつながります。なので、格段に自分の言い分が通りやすくなるというわけです。

もちろん、変なボールばかり投げているとすごく嫌われる可能性が高いので、それがいいことなのか悪いことなのか、なんとも言えないのですがね。

第3章

手ごわい相手に「YES」と言わせる説得術

相手のプラットフォームを理解する

おいらが開設した2ちゃんねるというのは、いろんな意見が交錯していてすごく感情的な掲示板に見えるかもしれないけれども、よく見たら議論で勝っているのは論理的に説得力のある人です。つまり、2ちゃんねるはロジカルなメディアなのですよ。

匿名でやっているので、誰それが言っているから正しいみたいな、権威付けで論破することができません。もちろん、感情的に繰り返し同じことを言い続けても人は説得されません。なので、誰かを論破するときには、論理で説明する以外に方法がないわけです。

ただ、2ちゃんねるでは権威付けは通用しませんが、実社会の議論では「でも、○○先生もこう言っていましたよ」という言い方は、けっこう効きます。

実社会の中で論破力を駆使するためには、まず相手のプラットフォーム、つまり、その人の思考パターンを理解することが大事です。

相手がどういう考え方をするかということをわかっていたほうが、「このボールにはこういうボールが返ってくるだろう」と想像しやすいし、「そういう考え方をする人だったら、話をこっち側に寄せたほうがいいな」とか、説得の仕方も変えられるわけです。

たとえば、礼儀にうるさい人とうまくやるには敬語で話したほうがいいとか、逆に堅苦しくない雰囲気を好む人ならざっくばらんに話したほうがいいとか、人は無意識的に使い分けているはずですね。権威に弱い人が多いというのも、誰でも理解していることではないでしょうか。

そんなふうに人の思考パターンを自分なりにどんどんモデル化しておく。すると「あ〜、このパターンの人ね。だったらこう言っておけばいいな」と、格段に議論しやすくなる。

そうしたモデルのストックを増やして、その精度を高めるためにも、いろんな人にいろんなボールを投げてみたらいいいと思うのですよ。

問いで相手をモデル化する

相手のタイプを探るときのおいらのやり方は、まず目の前で話を聞いて、どういうタイプの質問をしたらどういう答えが返ってくるのか、とにかく生のデータを集めます。

要するに行き当たりばったりなのですが、「こういう質問でこう返ってくるんだったら、この人はこういうタイプかな」みたいな、**相手とのキャッチボールの中で、その人がどう考えるのかモデルを組み立てていく**わけです。

たとえば、普通に会話しているだけでも、「あっ、この人は人を殴ったことがないタイプだな」とか、なんとなくわかるじゃないですか。

おいらの場合、相手が話しているときは、じつはそんなにちゃんと話を聞いていなくて、ずっと「この人はこういうパターンの思考をする人だな」と、何個かモデルを組み立てているのですよ。

そして、そのモデルが合っているかどうかボールを投げてみて、モデルどおりの応答があると、「おっ、当たってた、当たってた」となって、相手に合う会話を展開していくわけです。

たとえば、新規の営業先で「この人、体育会系のおっさんだ」と思ったら体育会系の乗りでいく。一緒に酒を飲んだほうが落とせるなと思って「じゃあ、宴会行きましょう」などと誘う。宴会では、下ネタ系の話をするとだいたい受ける……と。

そんなふうに**会話の中で相手に合わせた落とし方のパターンを選択し、自分の得意な共通の分野に持ち込んでいく**、というわけです。

こうしたことは、おそらく動物でもやっていると思うのですよ。目の前にいる獲物を捕るときに右に行くのか左に行くのか、ある程度予測をして飛びかかっているはずです。相手の動きとかを観察して、相手がどう動くか予測を立てているけれども、それはあくまでも無意識的なのです。

人間もそうでしょう。たとえば、新宿駅とかすごい人混みの中を歩くときに、みんな大勢の人を避けながら前に進んでいるじゃないですか。あれは周りの人たちの動きをある程度予測して、そのモデルの中で「ぶつからないように、こう通ろう」というのを、誰でも無意識にやっているわけです。

それをコミュニケーションの場で意識的に行っていくと、思考パターンのモデルがどんどん自分にストックされていきます。

そうすると、**議論しやすくなるだけではなくて、純粋に人と話すのが楽しくなる。**

まあ、まずは気軽に、ぽーんと質問のボールを投げてみることですね。

モチベーションを見抜く

何か議論をしているとき、たいていの人は「ポジション・トーク」をしています。それは利害関係者が議論するような討論番組とかに限りません。ビジネスマンであれば自分たちの商品を買ってほしいとか、政治家だったら投票してほしいというふうに、何かしらの思惑があって、いろんな場面で相手を説得しようとするわけです。

人というのは、雑談とかを別にすると、何かしら自分を有利にしたいという動機があって、他人を説得しようとします。ただし、**人のモチベーションはけっこう複層的で、言葉の裏には思わぬ本音が隠れていることがあります。**

たとえば、お客さんに喜んでもらえるようなモノを売りたいとか、もっともらしいことを言っている営業マンであっても、じつは本当に求めているのは、モノを売りたいではなくて営業成績を上げたいで、しかも営業成績を上げたい理由は、出世したいだったり給料を高くしたいだったりするわけです。「じゃあ、お金ほしいだけなんじゃん」とわかったとたん、その営業マンに対する見方が変わりますよね。

会社の先輩が後輩を怒る場合でもそうでしょう。後輩を一人前に育てたいというようなきれいごとを言っていても、本当は人間的に嫌いなだけだったり、単に自分がすっきりしたいからだったりというパターンがあるかもしれません。

自分の部署の数字を上げたいというモチベーションもあるでしょうね。ただその場合、数字を上げるためにどうしたらいいかわからないから、「とりあえず怒ったら、こいつ成果を上げるんじゃねえか」というパターンの可能性がある。つまり、怒るモチベーションとしては単に「数字を上げたい」で、そのために選んだ手段が「怒る」だった……と。

そうだとすると、怒っていることはそんなに気にしなくてよくて、**相手のモチベーションに沿った行動をしないと時間の無駄**ということがよくあるのですよ。

「オレも数字を上げたいっす。じゃあ、これからちょっと飛び込み営業してきます」といった提案をすると、怒っている先輩も、ここで怒り続けるのと営業に回らせるのと、どっちが数字を上げる可能性が高いのかさすがにわかるでしょう。

「もういい、行ってこい」となるはずですね。

ゴールを間違えない

たとえば、ビジネスシーンで自分のアイデアを通したいというとき、いきなりそのアイデアじたいの素晴らしさをどんなに説明しても、たぶん難しいと思うのですよ。

まず把握すべきことは、アイデアの採用・不採用を判断する人の「手に入れたいものが何なのか」というところでしょう。

決定権者がほしいのは単純に売り上げの数字なのか、それとも、社内で「新しいことをやってるな、この人」みたいなイメージを植えつけたいのか。あるいは、ほかの部署と比べて「ちょっと伸びればいいだけ」と思っているのか。本当は仕事なんかしたくなくて、「仕事してるふりだけできるような、すげえ楽なプロジェクトねえかな」と考えているのか……。

こんなふうに、その判断する人のモチベーションがどこにあるのかを、アイデアを考える以前に、まず見つけたほうが話は早い気がします。

そこを見誤ると、「私がこれをしたいんです」というだけの独りよがりな、ぜんぜん的外れのアイデアを出すことになって、「いやいや、そんなのいらねえし」みたいになりがち、というわけです。

もし判断する人が数字にこだわっている場合であれば、やや迂遠《うえん》な例ですが、ドン・キホーテですげえ安い商品を仕入れてきてヤフオク！で売るみたいな「せどり」とかでも、一個一個の売り幅は大した額ではないけれども、けっこう儲《もう》かるビジネスモデルになったりします。10万円で仕入れて12万円で売るというのを毎日やっていたら、個人で年間数千万円動かすみたいになるでしょう。

こんなふうに、おしゃれでかっこよくなくても数字だけは何とかでかくなるビジネスモデルもあるわけです。

要は「ゴールを間違えない」ということ。

あくまで**相手の要望が本物のゴールであって、自分の願望というのは、自分で勝手に決めた偽りのゴール**なのですよ。

「発表したい欲」を抑える

準備のしすぎはコスパがよくない

議論をするときに、材料をすごく頑張って集めたほうが話は有利に持っていけると思うのが普通でしょう。けれども実際は、すごく頑張って準備しても大して使わないことのほうが多かったりします。

なので、行き当たりばったりのほうが、なんだかんだ言ってコストパフォーマンスがよかったりするわけです。つまり、**「アドリブのほうが大事」**ということ。

おいらの場合、討論番組でもビジネスシーンでも、行き当たりばったりでうまくいくことがけっこうあるので、わりとそれを信じているところがあるのですよ。

たとえば、何か新しい企画について相手を説得しなければいけないとき。まったくわからない分野だったら多少は調べますが、いろんな材料を調べすぎてしまうと、それを使わなきゃいけないということが足かせみたいになって、逆に判断が狭められる気がするのですね。

むしろなんにもない状態で企画会議に参加して**相手をよく見て、その場でどういうしゃべり方をするか、どういう反応をするか、何を望んでいるのかといった相手の情報をいかに多く引き出せるかのほうが、結果に大きく影響する**というのが実感です。

要は、相手に合わせてその場でどういうボールを投げるかのほうが大事ということ。

たとえば、「マンションを買いたいんだよね」と言っている人がいたとします。豊洲がいいとか、新宿がいいとか、青山がいいとか言っている……と。で、不動産屋さんはその人のために物件情報とかをばーっと見て、相場表なんかを作って、セールスに行った……と。そうしたら、その人が本当にほしいのはマンションじゃなくて、じつは一戸建てがいいみたいなパターンもあるわけですよ。

物件見ながら「サザエさんみたいな家庭を作りたいんですよね」とか言われたら、「え？ それって戸建てのほうがよくないですか？」となるじゃないですか。「そうだよね、一軒家だったらペットも飼えるしね」みたいな……。

ということは、頑張って調べて材料を持っていくことにぜんぜん意味がないわけです。

むしろ多くの材料を持っているせいで、客の望みに合わないことを言い続けて商機を逃す可能性のほうが高いと思います。

お店に行って一方的にとんちんかんなセールスをされるときがありますよね。それを延々とやられると立ち去りたくなるじゃないですか。それと同じで、「サザエさん」に対して「豊洲のマンションだとこうで」とか答えたら、客は「いや、そんな話は聞いてねえし」となるに決まっています。

「自分語り」をしたがる人、よくいますが、聞いていて決して愉快なものではなくて、むしろ不愉快。頑張って調べるとそれに似た「発表したい欲」が生まれてしまうわけです。

なので、下手に準備しないで相手に合わせておいたほうが無難なのです。

いまネットで調べたらだいたいの資料が出てくるじゃないですか。職務上の基礎知識は押さえておくのが前提ですが、相手の考えをある程度聞いたら、一言断ってその場で調べればいいだけの話なのですよ。

発表したい欲に任せて、準備してきた豊洲のマンションの説明をくどくどするよりも、客の目の前でリアルタイムで調べて「一軒家だったら、世田谷でこれぐらいのありますよ」とか言ったほうが、相手のニーズをぴったり満たせるわけです。

「相手の準備に価値を感じる人」の場合

もちろん、「自分のためにわざわざ前もって調べてくれた」という理由で、機嫌がよくなる人もいます。**自分に興味を持ってくれる人に価値を感じるタイプ。相手がそういう人だとわかっている、または予想できるときには、頑張って準備したほうがいい**でしょうね。

たとえば就職の面接なんかでは、そこの社長さんがツイッターとかやっているのであれば、ひと通り見ておいたほうがいいと思います。相手の好きな物事とかが前もってわかっていたほうが何かと話しやすいでしょうから。

ものすごい海外嫌いな社長だったら「御社、海外事業についてどうお考えですか」みたいなことを聞いてもしょうがないわけです。社長が不機嫌になるだろうし、「こいつ調べてねえな」とバレるだけで、それはなんの意味もないボールなのですよ。

そういう明らかに悪いボールを投げないために、相手の情報を調べるというのは当然、アリだと思います。

まず相手がSかMかを見抜く

「S」（サド）と「M」（マゾ）というので大きくタイプ分けすると、けっこう相手の言動を予測しやすくなると思います。

一般的なイメージで言うと、人をいじめて快感を得るのがSで、人からいじめられて快感を得るのがMじゃないですか。でも、おいらは**「相手にサービスすることじたいが気持ちいい人はS」**、**「相手からサービスを受けることじたいが気持ちいい人はM」**という自分流の定義を使って、タイプ分けをしています。メイドの奉仕を受けるご主人さまはMで、ご主人さまに奉仕するメイドはSというわけです。

この定義を使うと、怒鳴ったり脅したりして自分が上位に立ちたいという人は、じつはMタイプということが見抜けます。「マウンティング」で相手よりも上のポジションになって、下の人に敬ってほしいとか下の人から何か便益を受けたいという欲求を満たすために上位に立ちたい。それはつまり、サービスを受けたい人。なので、M。

誰にでも親切な人というのは、サービスしたい人なので、じつはSタイプだったりします。

たとえば、いばりん坊のジャイアンもコバンザメのようなスネ夫も同じMタイプ。相手に対して何かの行為をすることじたいがその人にとって価値になっているという意味でのSタイプはドラえもん。のび太は、まあMで、やさしいしずかちゃんはS……と。

映画の「ドラえもん」だと、クライマックスでみんなが何の見返りも求めず、つまりSになって大活躍します。「人間は見返りを求めた瞬間にMになる」という言い方もできるのかもしれません。

自分が何かをすることじたいに意味を感じるSタイプは、日本では少数派だと思います。けっこう非常識でとっぴな行動をしがちですが、それをみんなが理解してくれるとも思っていなくて、「オレはこれがいいと思ったんだよね」などと周りの要求や評判を気にしないのがSの特徴です。

自分の「したい」というワクワク感が何よりも優先されるので、**未知のものに対しては恐怖心よりも好奇心が勝ります。**

それに対して**日本では多数派のMタイプ**は、「こういうことをすると、人はこう受け取るからこうすべきなんだろう」みたいに、わりと周りの人の要求に合わせて行動して、世間的な評判も気にしがち。**受け身が基本スタイルのせいか、未知のものに対しては好奇心よりも恐怖心が勝るのが特徴**です。

Sには好奇心を、Mには安心感を

「この企画は世の中で誰もやったことがないので、当たるか当たらないかまったくわかりません」という提案をするとしましょう。

ビジネスで決定権がある人の場合、「それ面白いね」というような積極的な反応をするタイプと「それはさすがに張れないよね」というような消極的な反応をするタイプの、大きく2種類に分かれます。

前者がSタイプ、後者がMタイプのリアクションです。未知のものを出されたときに、Sは好奇心旺盛なのでわっと食いついてくる。

Mは好奇心よりも恐怖心が先にくるので一歩引いてきます。つまり、相手がSかMかわかっていると、どういう企画が刺さるか刺さらないか、わりと予測しやすいわけです。

要するに、**Sタイプの決定権者には、見たこともない新しいアイデアとか何か挑戦的な**

企画を出したほうが面白がってくれる確率が高いということ。

逆にMタイプには、すでに実績のある定番的なアイデアとか何か安心感のある企画を出したほうが喜ばれる確率が高いということです。

たとえば、何かの「ファンクラブを作りましょう」というときに、Sの人には「普通ファンクラブって芸能系だと会費が年間5000円とかなんですけど、10万円というのを作りましょう」みたいな提案をする。

「10万円って普通はないけど、10万円に見合ったサービスを提供するんだったら払ってくれるでしょう。面白いマーケットが生まれるかもしれませんよ」とか言うとSの人は喜ぶはずです。

Mの人向けには、「基本、年間5000円がマーケットなので、ここはズラさないほうがいいです。一般の日本人というのは5000円が当たり前だと思っているので、そこで差をつけると、この差はなんだっていうところで議論が始まってしまいます。なので、同じにしましょう」といった提案をすると、きっと喜ぶでしょうね。

無理ゲーな話を実現させるギャンブル話法

自分でウェブ企画とかの営業をしていたときには、お金を出し渋るクライアントに、よくこんな説得の仕方をしていました。

「僕はこれ、うまくいくと思います。でも、あなたはうまくいかないと思うんですよね？なので、**うまくいかなかった場合、制作費はいらないです。うまくいった場合は3倍ください。どっちがいいですか？**」

そう言うと、不思議と普通の制作費で発注がきたりします。ギャンブルのような提案なのですが、でも結果、普通の制作費でうまくいったら「ああ、よかったね」でお互い済む話でしょう。

そもそも、成功・失敗の予想が一致しないのは当たり前です。成功すると思えるような情報をおいらは持っていても、相手の人が全部持っているわけではないので。**どんな状況**

でどんな人がどういうものを好むかみたいなすごく細かい話は、説明してもなかなか納得してもらえない。そういうときに、「ギャンブル」を使って説得したほうが早いわけです。

たとえば、おいらが作ったものではありませんが、「乙女ゲーム」というのがあります。イケメン的な絵のキャラクターが出てくる恋愛ゲームで、当初は「あんなもん、売れねえだろう」と酷評されていました。

でも事実としては、池袋に「腐女子の聖地」といわれる「乙女ロード」みたいなところがあって、ああいうイケメンが好きでそういうものを買いたいという層の女子たちが確実にいたわけです。実際にそこに行ってみないと、それはわからない。どういう人がいて、その人たちの可処分所得はどれくらいかみたいなことを知らないから、「そんなの買う人、いるわけないじゃん」と予想してしまう。現地に連れて行って説明したらわかってくれるかもしれませんが、そういうわけにもいかない……。

そんなときに「どっちが正しいか、賭けましょう」という、いわばギャンブル話法が効くわけです。

大事なのは、必ず周りに人がいる状態で切り出すこと。周りからは「へぇー、そんなに自信があるんだ」と賭けを言い出したほうがプラスに評価されます。賭けを断ったら「なんだ、自信がないのかよ」と相手のほうがマイナスに評価されるでしょう。なので、周りの評価を気にして「そこまで言うんなら、じゃあ、やってみようか」となるわけですね。「乙女ロード」のような事実ベースの裏付けがないときには、当たり前ですが、ギャンブル話法は使えません。「とにかくやりたい」とか「成功の予感がする」といった主観だけで賭けをするのは、あまりに愚かでしょう。

裏付けが薄いときには、おいらは「当たるかどうかわかんないっす。なので、プロトタイプを出してみて、まず状況を見るっていうのでどうでしょう?」みたいな提案の仕方をします。

たとえば、「乙女ゲーム」を作りたいけど自信がないなら、こう言うでしょう。

「すごく低コストで作ってみて、どれぐらいの人がサイトにくるのか見てみませんか?プロモーションかけないで勝手に調べてくる人が1000人超えたら、プロモーションでそれが10倍、100倍になる可能性がありますよね。なので、まず1000人くるかどうかだけ確認してみましょう」

試しにやってみるというのは、新しい事実を仕入れるきっかけになるので、経営者などの決定権者も得するやり方だと思うのですがね。

人の感動するパターンを分析して提示する

いまネットの長時間生放送で、ゲーム業者から許諾をもらって長時間ゲームをやり続ける番組がけっこうありますが、じつはニコニコ動画で「DARK SOULS」というゲームを生放送したのが初めてで、おいらも企画に携わっていたことがあります。

当初は「長時間だから、すげえ予算がかかる」と反対されていて、そのときには、こんなふうに説得しました。

「マラソンとか駅伝って人は見ちゃうじゃないですか？　あれって僕、ぜんぜん面白くないと思ってるんですけど、長い間見ているがゆえに最後まで見てしまう症候群っていうのが人にはあって、長ければ長いほどそのモチベーションが高くなってしまうので、見ちゃった人は長ければ長いほど最後までいきたくなるんですよね。なので、長ければ長いほど引っかかる率が高くなります。だから長時間やった場合、通常の放送よりも明らかに多くの人がくる結果になるんですよ」

それまでネットには似たような長時間放送がなかったので、厳密には事実ベースの話はできないけれども、たぶん間違えていないだろうなと思ってそう説明しました。

要は、マラソンとか駅伝で証明されている構造なので、**「世の中にあるよね、ネットでも同じだよね」**という考え方。結果としてうまくいったので、おいらの仮説は正しかったわけです。

本質的には、人が走っているのを見ても面白くない。ただ、人が苦労して何かを達成しようとしている姿はつい見てしまう。そうして苦しんでいる姿を見ると感情移入し始めて、その結果がどうなるんだろうと興味を持つ。だから長時間見ていられる……。

という**人間の興味の構造があるので、その構造を別のかたちでやっても失敗することはない**だろうなと考えていました。

「見るだけで嫌だ」というくらいイメージの悪い人が被写体というのではない限り、人が努力して苦労さえしていればなんとかなるだろうと……。

そもそも人間の趣味嗜《し》好《こう》は高が知れていますからね。そんなに複雑ではなくて、人間はどこか似たようなところに興味関心を持つわけです。

「権威ある似たもの」でプッシュする

ニコニコ動画立ち上げ秘話

ニコニコ動画の立ち上げのときに、おいらが説明でけっこう使ったのがシルク・ドゥ・ソレイユでした。

それなりに偉い人で、「シルク・ドゥ・ソレイユって、何?」と平気で聞ける人はあまりいなくて、むしろ「カーなら見たよ」とか言いたがります。なので、おいらも「それくらい押さえてて当たり前でしょ?」という体で説明に入るわけです。

あれは舞台の中心で何かやっている人がいて、上のほうでも空中ブランコとかをやっている人がいて、1個の場面で誰か1人だけが何かをやるというのがあんまりないのですよ。すごい大技をやるときだけ集中してスポットライトを浴びたりするけれども、基本的には同時多発的にいろんなことがいろんなところで起きているので、1回見ただけでは全部見た気になれません。

なので、「次に行ったときはここ見よう」「その次に行ったときはここ見よう」となるわけです。

ニコニコ動画もそれと同じように、何度も見ない限り全部が把握できないという構造になっています。動画があります、でもコメントもあります。動画をちゃんと見ているとコメントが読めないし書けない、コメントだけ読んだり書いたりしていると動画がきちんと見られない。

なので、本来つまらない動画は1回見たら終わりでしょうが、なんとなく繰り返して見てしまうことがあるわけです。

要は、なんとなくコメント書いていたら動画のほうがちゃんと見られなかった、もう1回見てみようになるので、再生数が通常のサービスより伸びる可能性が高い。

そして、「ね、シルク・ドゥ・ソレイユと同じでしょ?」などと締めくくれば、みんな「へえー」と言ってくれるわけです。

シルク・ドゥ・ソレイユには、みんなちょっとしたブランド性を感じていると思います。「あんなん、つまんねえよ」と言う人は、おいらの周りには1人もいないし、実際、シルク・ドゥ・ソレイユを否定できる人は少ないでしょう。

単に、「ニコニコ動画は複数のことやっているんですよ」と話すのではなく、すごくかっこいいみたいなイメージのあるシルク・ドゥ・ソレイユを例に出して、それに似ていると言い切るとニコニコ動画も否定しづらくなります。

つまり、いつの間にか議論が、ニコニコ動画を否定するならシルク・ドゥ・ソレイユの否定をしなきゃいけないという状態になって、否定する側の難易度がすごく高くなっているというわけです。

「価値があると感じられるもの」は意外と単純

何かについて人を説得するときには、相手が「価値がある」と思っているものの中から、似たようなものを選んでぶつけていくと、価値があると思っているものじたいを否定しなければいけなくなるので、わりと説得しやすくなります。

問題は、相手が価値があると思っているものは何かということですが、たとえば、おいらがしょうもないTシャツを着ているとして、「しょうもないTシャツだね」と言われたときに、「でも、これフランス製だよ」と言うと、人はそこで落っこちます。

ファッションの分野でフランスを否定するというのは、よほどわかっている人とか業界の人じゃないとすごくハードルが高いのですよ。

つまりそうと知らなかったとはいえ、フランス製をしょうもないと言ってしまった人は、結果的に勝てない議論に勝手に入り込んでしまった人になるわけです。もちろん、フランスでもしょうもないものはいっぱい売っていますがね。

ただ、「フランス製だよ」とわかった時点で、ファッションをわかっていない人みたいになってしまう……というぐあいに、人が否定しづらい材料というのはけっこうあるので、そういうものを巧みに使うと議論ではお得だと思います。

たとえば日本人は、やっぱり舶来に弱い。なので、ＩＴ系だったらアップル（Apple）とかグーグル（Google）とか。「グーグルのこういう研究所で使うシステムなんですよ、これ」みたいのでいくとＩＴ系の人は逆らいづらいですね。「へぇー、グーグルなら、いいじゃん」となるわけです。

議論で説得するのは二流

相手を説得するとき、議論の体になっている時点で、じつは下手くそなのですよ。要は、自分の思いどおりに相手に考えさせて、相手があたかも自分で思いついたかのようにするのが一番うまいわけじゃないですか。

たとえば、おいらは友だちに本を買ってもらうことがよくあるのですが、その本の面白さを説明すると、「へえー、面白そうだね」と言って買ってくれたりします。

それは、おいらの話を聞いたそいつが「面白そう、だから買いたい」になっているのであって、決して「買いたくない」に対して「こんな面白い本なんだから買えよ」という議論の体にはなっていないわけです。

「こういうのあんだけど、面白そうじゃね？」「うん、そうかもね」という感じで、**肩の力を抜いてふわっといったほうがうまく会話が流れるので、肩ひじ張って議論にいってい**

る時点で、人を説得するうえでは二流だと思うのですよ。

心理療法の業界には「感謝されるカウンセラーは二流である」というセオリーがあるそうです。

患者さんが心の悩みを先生に話して治った……と。患者さんから「先生のおかげでよくなりました。ありがとうございます」と、お礼を言われるようなカウンセラーは二流。

「そもそも相談することもなかったな。なんで来ちゃったんだろう?」と、患者さんが首をかしげながら普通に帰っていくのが本来の一番優秀なカウンセリングというわけです。

説得する方法もそれと似ていて、議論になっている時点で二流だと思うのですね。

要は、イケメンが女の人に「この本、買って」と言ったら、おそらく即買ってくれるし、美人に頼まれたら、たいていの男の人は買うじゃないですか。そこで議論を吹っかけて何とかしようという時点で、やっぱり二流だと思うので、その意味ではおいらも大したことはない……と。

おいら、たぶんふわっと人に動いてもらうのは下手だと思うのですよ。それがうまかったら、こんなふうに議論のテクニックとかいろいろ考えなくていい。こうやったら買ってくれるみたいなテクニックを磨いている時点で、要は基本、ブサイクなのですね。

数字を使う

ナイチンゲールは何がすごかったのか？

感情の切り分けが苦手な「まだ子どもの大人」というのは、わりとたくさんいて、同じ過ちを繰り返す人、間違いを指摘したときに間違いが受け止められない人、簡単な計算ができない人とかも、その類いのタイプだと思います。

中でも、計算できない人というのは少なくなくて……。たとえば、ビジネスのランニングコストというのは、誰でもできる算数の問題なのですが、そういう話ができない人がけっこう多いのですよ。

ウェブサイトのプロモーションの新企画で、「これぐらいの予算が必要です」と言ってきた担当者に、「ということは、その後もプロモーションでこれぐらい使う。ということは回収の期間はこれぐらい延びる。そうするとランニングコストはやっぱりこれぐらい増えるから、結果として何年後の利益がこれくらいだよね」みたいな、事実を積み重ねるだけで、まったく解釈が必要ない誰にでもできる計算でも、「その数字、あります?」とか聞くと、計算していないことがわりと多いわけです。

なぜ多いのかというと、日本は伝統的に数字についてわりと緩くて、相手に数字を説明するというのをやらないで済んできたからだと思うのですよ。

裏返せば、数字に説得力を感じない日本人ということなのでしょうが、それを象徴するのがナイチンゲールについての理解不足だと思います。

ナイチンゲールはなぜ偉かったのか。日本でナイチンゲールというと、単に「やさしい看護師さん」で終わっています。でもざっくり言うと、あの人はじつは統計学の先駆者でした。

19世紀半ばにあったクリミア戦争で、「戦死者のうち、戦って傷を負ったことで死んだ人よりも、不衛生な環境で伝染病で死んだ人のほうが多い」というのを、実際に現地にも行ってグラフで書いて、「なので、衛生状態をよくしなきゃダメです」と上を説得して、医療所の環境の改革をしたことによって感染症を減らして負傷者の生存率を高めた人なわけです。

つまり、本来のナイチンゲールの業績は統計なのです。いくら話しても「女の言ってることなんか信用できんよ」となるから、「じゃあ、数字でやってくるわ」と言って、現地に行って数字を積み重ねた人がナイチンゲール。それなのに、日本では単にやさしい人となっています。

要するに、**人を説得するうえでは、じつは「数字に勝るものはなかなかない」**ということなのですよ。みんな数字を使えばいいのにと思うのですが、使わなくても何とかなってしまうので、なかなか数字を使わないわけです。

数字はネットに転がっている

先にニコニコ動画の長時間配信のプレゼンについて紹介しましたが、あのときも数字の話はしました。「通常1時間で1万人来る番組があったとして、それを48時間やったら48万人来るんじゃないですか?」みたいな単純な話だけですがね。「1番組で48万人来たら、ちょっとみんなびっくりするんじゃないですか? ちゃんとプレスリリースも出せますよね」とか。

そんなに予測の精度を上げる必要はなくて、ざっくりとした数字で、みんなが「まあ、そんなもんだよね」と思えればそれでよいわけです。

「こういうターゲットだったら何万人ぐらいで、この何%ぐらいに告知できて、その人たちがこの時間だったらこれぐらいいるよね」というような、なんとなくでも数字の意識を持っていて損することは、ビジネスシーンではあまりないと思うのですよ。芸術家だったら、数字がかえってじゃまをするかもしれませんが。

ちなみに、おいらが使っている数字というのはネット上のどこかにある情報で、独自のノウハウで集めた自分だけが知っているというような数字ではありません。

つまり、誰でもできることをやっているだけなので、苦手意識を捨てれば数字で説得するのはそんなに難しいことではないと思いますがね。

テクニックとしてのウソ

面接でウソをつくのはアリ？

おいら、新卒の就職面接とかでウソをつくのは、じつは「アリ」だと思っています。

そもそも面接というのは自分のプレゼンをする場なので、プレゼン上手な人が有利な構造になっています。つまり、本来の能力値とはあまり関係がなくて、本来の能力値が３でもプレゼン上で７に聞こえた人が「優秀」に見えるわけです。

もちろん、学生レベルのプレゼン上手というのは、実際のビジネスシーンではあまり役に立つプレゼン能力ではなかったりします。なので、「ちょっとしゃべりがうまい学生」というのは、そんなに大したものではありません。

要は、**面接官が見抜けないようなウソをつけるのであれば、「ウソついて入れるような会社なんだから、別にウソついていいんじゃね？」**ということです。

学生のプレゼンについて証拠を調べようと思ったら会社もできるわけです。でも、そうはしていない。きっと本気でだまされているのか、あるいは「この学生は本当のことを言っているると面接官が思えるぐらいの話術があったら、それでいい」と思っているのか。いずれにしてもそれが新卒の就職面接のレベルなのですよ。

ただおいらが面接官だったら、ウソくさいなと思ったら、めちゃくちゃ詰めますがね。

ちなみに、ナンパの能力が高い人はけっこう社会でも役に立ちます。ウソがバレてもまったく気にならないという「耐久のメンタル」が強いので、ほとんど物おじせずに営業に行けますから。

ウソをつく人というのは、能力値がある程度高いとも思います。事実を話すというのは、じつは容易なことです。自分に起きた出来事をそのまま説明するだけでいいわけですから。でもウソの場合は、自分が組み立てたストーリーの整合性や誰に何を言ったかとかをちゃんと覚えてないといけない。その場合は、かえって事実がじゃまになったりします。

事実を忘れて、自分が作ったウソのストーリーだけを覚えていればいいのですが、人間というのは、どこかで事実を覚えているので、必ず異なる二つのストーリーを頭の中で同時に抱えている状態になるわけです。

つまり、「この人にウソをついているから、この人にはウソの説明をしなきゃいけない」という切り替えスイッチを持っていて、相手に合わせて毎回使い分けなければいけない。そういうことができる人は、やっぱり能力値が高いと思うのですよ。

なので、おいらは記憶力がないのでウソをつくのが苦手。ウソをついても、誰に何を言ったかの整合性が取れなくなってしまうので、すぐにバレてしまいます。

ビジネスでウソが許されるケース

そんなおいらも、営業的にウソをつくことがたまにあります。

たとえば、「Bさんがそのプロジェクトに乗りたいと言ったら、自分も乗りますよ」とAさんが言っている……と。Bさんは「Aさんが乗りますって言ったら、自分もそのプロジェクトに乗りたい」と言っている……と。要するにこれは、2人ともプロジェクトに乗る意思はあるけれども、2人ともまだ乗ると判断していないという状況ですね。

こういう場合においらはウソをつきます。Aさんには「Bさんが乗りたいって言っていますよ」と伝えるし、Bさんには「Aさんが乗りますって言っていますよ」と伝える。

2人が「そうなんだ。じゃあ、乗るわ」となっても、結果としては2人の判断に間違いは起きていませんね。ただ、おいらはたしかにウソをついたわけです。

さて、プロジェクトが終わったあと、そのウソがバレたらどうなるか。Aさんは「乗ります」と言って実際に乗っているし、Bさんも「乗りたい」と言って実際に乗っているので、Aさんがほしかった条件もBさんがほしかった条件も満たしていました。なので、条件を満たすということでいえば、おいらは契約不履行的なウソはついていません。

つまり、プロジェクトが成功しさえすれば、2人にはなんの実害もないわけです。そういうタイプのウソはついてもいいウソでしょう。

要は、**全体として困らないような状況にすることのほうが重要で、そのときに正直にそのままの事実を伝えたのか、ウソをついたのかというのはあまり関係ない。結果がすべて**なのかなとおいらは思っているわけです。

つまり、「このプロジェクトはすごくうまくいくので、乗ってください」と言い続けて、結局、プロジェクトじたい失敗に終わった……と。そうなったらどんなに正直者でも意味ないですよね。

ちなみに、AさんもBさんも「やんねえ」と言っているのに、「いや、2人ともやるって言っていますよ」というウソは、あとで整合性が取れなくなって、**プロジェクト全体として困った状況になるので、そういうウソはやっぱり「なし」**ということです。

目下だと思っている相手の「未来」を想像して話す

ネット業界ではおいらもベテランのほうになってきていて、下に見られることがだいぶ少なくなってきました。

ただ基本、おいらは**誰に対しても敬語で話す**ようにしているのですよ。いつ相手が偉くなるかわからないし、どんなところで障害になるかわからないので、年下や女性にもタメ口をきいたりしません。

世の中には「あのときバカにされた」というのを10年以上も覚えている人も少なくありません。それが10年後に返ってきたりするとすごく面倒くさいので、なるべく敬語で話すように気をつけているわけです。

会社の女性社員を当たり前のように「○○ちゃん」と呼んでいる男の人がよくいますが、**もしその人が偉くなったら「この人、どうすんだろう？」**と思いますね。なのでおいらは、なるべく女の人も男の人も、年下であっても「さん付け」で呼ぶようにしています。

ただ、みんなが「○○ちゃん」と呼んでいるのなら、自分だけ「○○さん」と呼ぶのも不自然なので、そういう場合はちゃん付けルールにのっとりますが。

おいらは基本、女の人を敵に回さないように、ぶつからないようにしているのですよ。女性に嫌われるといいことないじゃないですか。なぜかというと、男性に比べて女性のほうが「共感力」が強いと思うから。あくまでもおいらの経験上ですが、何かやらかすと女性ネットワークではすごい速さで「悪口」が回る感じがします。

最近は、女の人ともめて会社でうまく立ち回っている人を本当に見かけなくなりました。「男尊女卑」の人はまだ世の中にいるのですが、だいたい微妙なポジションに追いやられている感じです。創業社長とかで、別に社内の評価はどうでもいいという立場ならいいのかもしれませんが、普通の管理職は、もうそうはいかないのです。

そういう男の人が出世できないのは、やっぱり男性たちよりも女性たちの結束力のほうが強いからかもしれませんね。

第4章

厄介な人を転がす技術

ウソつきを見抜く質問術

ウソをつく人の特徴

論破ゲームで勝つために必要なのは、結局は「性格の悪さ」ということでしょうね。ただ、ビジネスシーンでは「あら探し」のような詰め方は、おいらあまりしません。

でも、相手がウソをついたときにはめちゃめちゃ詰めます。それを何度もやられると、どの話を信じていいかわからなくなるので……。

たとえば会議のとき、たまにウソをつくという人がメンバーの中にいると、その人が言ったことが本当かウソかの確認を毎回しなければいけなくなります。それがすごくコストになるので、ウソをつく人には会議に出てほしくありません。会議というのは前提として事実をもとに議論する場です。なので、わからないなら「わからない」と報告ゼロのほうがまだマシというわけです。

つまり、ウソの報告をするようなずる賢い人よりも、なんの役にも立たない頭の悪い人のほうがまだマシなのですよ。

存在しない事実をでっち上げる人というのがけっこういて、おいらも迷惑しています。たとえば、「このプロジェクトでページビューがこれくらいでした」という会議の資料で、事実よりも高い数字が報告されたりする。ページビューは高いほうがよいので、おいらは「このプロジェクトはこういう方策でやったからうまくいった。ということは、こういう方法に投資したらこう伸びるな」というふうに考えます。そのウソのおかげで考え方を間違えてしまうわけですね。

事実どおりの低い数字だったら、当然ながら考え方を間違えることはありません。「こういうタイプのプロジェクトは世の中にウケないんだな」という新たな知見が得られて、「こっちはやめて、こっちに投資してみよう」とか方向転換できます。**ウソをつかれると、間違った考え方を積み重ねてしまうので、すごくきつい**わけです。

「話を盛る」ことが癖のようになっている人は、わりと多いと思いますね。さらっと言われたウソ話に感心して、自分もあちこちで話したあとでそれがウソだとわかっても、「この間の話、ウソだったんですよ」とかいちいち説明して回ることもできず、結局は自分がウソつきになってしまう……というのもありがちなパターンだと思います。

それがウソかどうかを見抜くには、証拠を出させたり自分で調べたりするしかないのですが、ウソをつく人かつかない人かは、だいたい見分けられる気がします。

「怒られるのが嫌だから、ウソをついても回避したい」とか**「ほめられたいから、ウソをついてでもほめられたい」**とか、**承認欲求が強めの人**がわりとウソをつくタイプでしょう。

その裏返しで、仕事に思い入れのない人のほうがウソをつかないのですよ。

「9時～5時だけ働いて、さっさと家に帰りたいです」とか「座っているだけでいいんで、すげえやりたくないっす」みたいな人には、そもそもウソをつくモチベーションがないので、悪い数字にしても「いや～、ダメでした。すいませんね」とさらっと出してくるので、そういうタイプの人が言うことのほうがおいらは「信用」できます。

ディテールを突く

どの話を信じていいかわからない人には、おいらは「話半分」というレッテルを貼ります。営業系の人には話を盛るタイプが多いのですが、それでも話を聞いてから突っ込むことが多いですね。

「ここ合わないんですけど、どういうことです？」とか**「言っていることと、これ違いますよね？」**とか、普通に突っ込みを入れます。

よく「こんなことをやったんです」と自分の経験や実績を膨らまして話す人もいますが、おいらは「具体的に何をしたか」というのをけっこう細かく聞いていくのですよ。

「自分がそれをやるとしたら、こういうところで引っかかるだろうな」みたいなところを、どんどん聞くわけです。

それに対して「それはこう、それはこうやって解決しました」とディテールを話してくれたら、おいらの中では「そうやってやるんだ、へえ、面白い」となって「信用」できます。

ところがディテールをちゃんと言えない人というのがいて、「どうしたんですか？」と聞くと、「じつは、ほかの人がやりました」と白状したりするわけです。

ただ困ったことに、ウソのうまい人というのは同じ表情のままさらっとウソをつきます。自分自身でもそのウソを信じていて、その人の中ではもう真実になっていて、ウソをついているという自覚もなく普通に「こう、こう」と説明したりするのですよ。

それとは逆に、説明することじたいが苦手な人もいます。詰められると、本当はきちんと自分でやっているのにしどろもどろになるというパターンですね。

なのでおいらの場合、相手の話し方や態度だけで、その人の言っている内容を疑う、つまりウソつきかどうかを判断するということはありません。

たとえば、「風車を造りました」とアピールした人がいたら、おいらは「風車を造るときに一番難しいのは、たぶん軸になる木をどうやって見つけるか、そこに持っていくかだろう」と、まず自分で考えます。

そして、「木をどうやって切り倒したんですか?」「何を使ったんですか?」「どうやって運んだんですか?」とか、具体的な作業レベルのことを細かく聞いていくでしょう。

本当に造った人なら、しどろもどろになりながらでもそのディテールをちゃんと言えるはずです。逆に、言語明瞭でも答えになっていない説明だったら「この人、ウソつきじゃね?」と判断できるわけです。

おいらは性格が悪いので、ウソをついた人に対しては面白がって詰めます。ウソだとおいらが信じるに至った証拠のボールをどんどん投げて、「この人、どう反応するんだろう?」と試すわけです。

そのときに「勘違いだった」と言って、ウソではないという逃げ方をする人がけっこういます。この逃げ方をされるとなかなか詰め切れません。

たとえば、「このプロジェクト、赤字なんですよ」と報告した人に、「赤字なんですか、じゃあ、ちょっと数字見せてもらえます？」と言うと、「数字、覚えてないです」と。「覚えていないんだったら、赤字かどうかわかんなくね？」と詰めると、「あっ、勘違いでした」と言って、黒字の数字を出してくる……。

その場はごまかせるわけですね。ふわっとごまかす人をウソつきの悪意の人とは、なかなか確定できません。きっと本人も「怒られなくて済んでよかった」と思うでしょう。

ただ、そういう人は次も同じことをやる可能性があるので、このタイプには要注意です。「この人、ちょっと信用しないほうがいいな」という意識を持っていたほうがいいでしょうね。

ひろゆき流キラーフレーズ②

「○○ってどういう意味ですか？」

揚げ足取りは、相手の知識レベルの確認

討論番組とかでは、いわゆる「揚げ足取り」が付き物です。

繰り返し述べたように、議論じたいそもそもエンタメだと思っているので、おいら的にはぜんぜんアリの初歩的テクニックなのですが、中には「揚げ足取りは、やめろ！」とか怒り出す人もいるわけです。

ただ、**揚げ足取りに対してちゃんと答えられないのであれば、その人の主張じたいがそこまで堅固なものではない**ということだと思うのですよ。

議論の前提になる知識のない人に対して、きちんと説明できない人というのがたまにいて、それはじつは、その人自身が物事をちゃんと理解していないのではないかという気がするのですね。

ちゃんと理解していたら、自分が理解しているとおりに口に出せばいいだけなので、わかっていない人が揚げ足取りをしてきても、別にイラつく必要はなくて、淡々とわかりやすく説明できるはずです。

けれども、なんとなく「用語」で理解しているだけなのでしょう、前提の説明なしにさらに用語をちりばめて議論を展開するような人がいるわけです。

たとえば、「ビッグデータって何ですか?」と聞かれて、ちゃんと答えられる人というのは案外少ない気がします。「単なる統計なんですよ」と言えば済む話なのですが、そう明確に説明できない人がけっこう多いと思います。

たぶん、「ビッグデータというかっこいい名前だから、これまでとは決定的に違う何かがある」というふうに、勝手に誤解しているせいで説明できないのでしょう。本当は「ビッグデータといわれるものすごく大量のデータを使うからいままでの統計より精度が高いというだけで、基本は統計です」というだけなのですがね。

なので、おいらは自分がわかっている用語でも、たまに**「そもそもそれって何ですか?」**と、わざと質問したりします。

もちろん揚げ足取りとかではなくて、ちゃんとわかっている人でも説明のうまいタイプと下手なタイプの人がいて、その人がどういう説明をするかで、どちらのタイプなのかを見極めたいから。

たとえば、理系で説明が下手な人の場合、おそらく頭の中では「コード」（記号や符号）で理解しているのだけれども、言葉に変換して説明するのが苦手なタイプなのですね。言葉というのは人によって解釈が違うので、その人の中にきっと自分なりの定義があるのですよ。

たとえば、「あの人、どんな人ですか？」と聞いた。すると「地頭《じあたま》がいい」という答えが返ってきた……と。そうしたら「地頭がいいと頭がいいは、どう違うんですか？」などと確かめない限り、その人がどういう意味で「地頭」を使っているのか、本当はよくわからないはずです。

ということは、そもそも知りたかった「どんな人？」の答えも聞けたことにならないわけです。頭ではなく、地頭と言ったからにはその違いに必ず意味があるはずなのですよ。

こうしたやり取りは「確認作業」であって、決して揚げ足取りではありません。もっと言えば、「そもそも頭がいいって、どういう意味で使っているんですか？」と確認しないと、論理的な議論を展開できないはずなのです。

普通はふわっとした言葉はふわっと聞き流していればいいのでしょう。おいらもどうでもいいときにはそうしています。けれども、いざ議論となったら「なんで、いま言葉を使い分けたんですか？」とか「その言葉とこの言葉の差は何ですか？」といったことを、けっこう突っ込んだりするわけです。

たいていの人は面倒くさいからいちいち確かめないのでしょうが、おいらは人の話を聞くのが好きだし、まあ、揚げ足取りをするのも好きなので、そういう確認作業がまったく苦にならないのですよ。

だまそうとしてくる人に効果的

ビジネスシーンでは、じつはこうした言葉の確認作業というのはけっこう大事だと思います。

たとえば、何か売り込みにきた営業マンが自社について説明しているときに、「われわれはこういうことをやっていて……」と言っていたのが、突然、「私はこういうことをやろうとしていて……」とか、ふわっと主語を変える人がいます。

たまたま言い間違えただけというのもあるのですが、そういう場合、会社の方針に反するような自分の思惑を話していることもあるわけです。

じつは**人間の言い間違いは、無意識が言葉に出ている場合がある**のですよ。なので、おいらは「あれ？　なんでいま、主語をわれわれから私に変えたんですか？」と突っ込みます。すると、「いま言ったことは、会社は認めていないのですが……」といったことがわかったりするわけです。

こちらは「どういう会社か知りたい」と思って説明を聞いているのに、単なる個人の思惑をその会社の方針と誤解してしまったら、その会社と取引するかしないかの判断も間違えてしまう……といったことがあるので、ビジネスシーンでは、案外「揚げ足取り」も重要なわけです。

非論理的に見える人の取り扱い法

すぐ感情的になったり、意味不明な判断をしてくる「非論理的な人」というのがいるじゃないですか。誰も気にしないような小さなことなのにすごい剣幕で怒鳴ってきたり、ぜんぜん働かない人をなぜか経営者が重要なポジションにつかせていたり……。

じつは、そういう**非論理的な人にもちゃんと「論理」がある**のですよ。

「その人が何を優先して判断をしたのか」というのが、こちらの予想と違うので、感情的で非論理的に見えるだけだと思います。脳の回路は論理的にできているはずなので、その人の中では、じつは論理的というわけです。

その理由が説明できないだけという場合もあるでしょうね。たとえば、「あの無能な人をクビにしましょう」と社長に提案した……と。社長は「イヤだ」と言った……と。その理由が「愛人だから」だったら、それが言えないという可能性もあるわけです。

事実が言えないからウソの理由をでっちあげる。そういう話は矛盾があったりして非論理的に聞こえがちですね。でも、社長の中にはちゃんと論理的な優先順位があって、「愛人だからクビにできない」というのは、社長にとってはなんの矛盾もない論理的な決定なのですよ。

あるいは、優秀な人材なのに「こいつをクビにしたい」と社長が言っている……と。「なんで?」と周りはまったく理解できない……と。周りからは非論理的に見えるけれども、「やっぱ、イケメンむかつく」みたいな理由が、その社長の論理の中にはあるはずです。

要は、「その人の中でどういう考え方をしているのか」というところなだけであって、本当に非論理的な判断をする人というのは、かなり稀有だと思います。

なので、**非論理的に見える人がいたら「ちゃんと聞けばいい」**だけなのです。

たとえば、「優秀な人なんだから、クビにしたら会社にとって損じゃないですか?」と聞く。「あいつをクビにして人件費を減らしたい」という説明が返ってきたら、「あいつよりも無能なあの人を先に切ったらどうですか?」と、さらに聞く。

そういう提案も含めて相手に何度も聞くと、それに対してどういう言葉が返ってくるかで、「なぜ、そういう言動を選んでいるのか？」という問題のヒントがちょっとずつ増えていくと思うのですよ。

つまり、質問を重ねて範囲を狭めていけば、事実ベースで「そういうことなのかな」と相手の論理をある程度は理解できるはずですね。

「非論理的に見える人」はいても「非論理的な人」はなかなかいないわけですから、周りにいる人たちが振り回されがちな「感情的で自分勝手な人」というのも、その人なりの論理がちゃんとあるはずです。要は、自分勝手な人というのは、周りが納得できるような客観的な説明ができない人ということでしょう。

「だって、これが好きなんだもん」といったぐあいに、主観だけで物事を決めていくというような人でも、その人の中には好きの優先順位が必ずあって、論理的に決定しているわけです。

なので、**自分勝手な人が「何に優先順位を置いているのか？」というのを、仲よくなって聞くと振り回されずに済む**と思うのですよ。

厄介な人ほど転がしやすい

主観的な判断をしている人ほど孤立しがちなので、ふわっと「仲間だよー」といくと仲よくなれることがあります。

たとえば「あの人嫌いだから、あの人のアイデアにも反対」という人の場合、その人は自分だけが反対しているという状況にはなりたくないので、仲間を増やそうとするわけです。

でも、アイデアに賛成の人たちにとっては「別にアイデアいいからいいじゃん、私は嫌いじゃないし」なので、単なる「厄介者」になってしまいます。

そういう人には、「なんであの人のことを嫌いなんですか?」と、率直に聞いてみたらいいと思いますね。「うちの飼い猫、殺された」とか、「そりゃ、嫌いになるわ」みたいな理由があるかもしれません。

その人もよほどのバカじゃない限り気づいていると思うのですよ、「合理的な判断じゃないなって、みんな思ってるだろうな」ぐらいは。その状況で、「そうですよね」と言ってあげると、すごく仲よくなれるわけです。

とにかく、**どんな厄介者でもコミュニケーションをとるのを怖がらない**、ということですね。

世の中には「じじい転がし」と言われる人たちがいるじゃないですか。あれも同じで、わがままなじじいというのは孤立しがちなわけです。それがパターン化しているから、同じパターンで相手の懐に入ることができる。なので、じじい転がしの人たちは次から次にじじいと仲よくなれるということなのでしょうね。

ちょっと気が引けるかもしれませんが、**転がしてやろうとか下心を持たずに、純粋に「仲よくなりたい」と思って頑張って近づいてみる。**

じつは、そういう人を敬遠する人というのはあまりいないのですよ。なので、心理的なハードルを越えられさえすれば、そんなに難易度は高くないと思います。

最近では、「ばばあ転がし」も見かけるようになりました。昔はじじいのお偉いさんしかいなかったけれども、近頃はばばあのお偉いさんも増えてきたというわけです。

わりとイケメンの人にばばあ転がしが多いのですが、そういうのを見ていると「あー、うまいなー」と思います。

第一に連れて歩きたくなる小ぎれいな格好をしているのですよ。ばばあのお偉いさんには、連れて歩きたいかっこいいタイプで、「いつでも連絡取れます、ちゃんとエスコートします」みたいなタイプだとわりと仲よくなれるのですね。

おいらが得意なのはじじいのほうで、ばばあはダメです。イケメンでも小ぎれいでもないので……。

おかしな人のエネルギーを受け取らない

会社とかではなく、いきなり初対面の人と口論になることもたまにあります。たとえば、飲食店でほかの客にからまれるというパターン。

その場は無視してやり過ごしたとしても、何も言い返せなかった悔しさで、あとで思い出すとムカムカする。そんな人も少なくないでしょう。

おいらはストレスをためるのが好きではないので、可能な限りその場で反論します。そして、その場で反論できなかった場合には、「言い返さなかった自分が悪い」と考えるようにしています。なので、あとで思い出してムカムカするということはありません。

つまり、**「なんであの人、あんなこと言うんだろう?」という相手の問題ではなくて、「自分は、言い返せなかったのは、なぜか?」と自分の問題として分析する。**

そして**「今度こういうことがあったら必ず言い返そう」とか、気持ち的に準備しておく**

わけですね。

さて、おかしな人にからまれたときにどうするか。とにかく真正面から反論しないほうがいい。おかしな人のエネルギーを受け取る必要はまったくないのですよ。

先の例でいうと、飲食店でほかの客にからまれた場合。そんなときは、「ちょっと言ってることよくわかんないんで、店員さんに言ってもらえます？」とか、軽く流しておけばいい。

その場を仕切るのはたしかに店員の役割なので、相手も矛先を店員に向けざるをえないし、店員も対応せざるをえないでしょうから。

「こういう人もいるんだ」と許す

自分の常識は相手の非常識

「おかしな人」と簡単に言いましたが、じつはその人の言動が本当におかしいことかどうか、非常識かどうかを判断するのはけっこう難しいことなのですよ。

日本で暮らしていたら、正しい行為・正しくない行為を日本文化の常識で判断できます。けれども外国で暮らしていたら、正しい行為・正しくない行為をその文化圏の常識で判断しなければなりません。当たり前のことなのですが、これがなかなか難しい……。

おいら、いまフランスに住んでいます。なので、「これは怒るべきなのか、そうじゃないのか」みたいなことを考える場面によく出くわすわけです。

たとえば、日本の地下鉄では混んでいるとき、みんな黙ってほかの客を押して電車に乗り込みますね。でもパリの地下鉄では、そんな乱暴なことをする人はほとんどいません。

つまり、パリ文化の常識はこうです。他人を押すというのは攻撃する行為だ……と。そうやらなきゃ乗れない状態だったら、もう乗らないが普通だ……と。なので、もし乗りたかったら「すいません」と言って、ちゃんとちょっとずれてもらうのが当たり前だ……と。

パリで、日本流に無言で人を押しのけて混んでいる電車に乗り込んだら、「失礼なやつだ」とめちゃくちゃ怒られるので、気をつけないといけないわけです。

おいら「日本では当たり前だけど、フランスではどうなんだ」と、**いちいち「常識」について一呼吸おいて考える**ことが癖のようになりました。

そうしたら、日本でも「あっ、これはフランスだったら当たり前だよな」とか、日本人の**おかしな行為に対しても、ちょっと別のポジションから見るようになって、そうすると、わりと腹が立たないのですよ。**「こういう人もいるんだ、へえー」と案外許せることが多いのです。

これもパリの地下鉄の話ですが、改札を通るときに人のすぐ後ろにくっついて通る人がたまにいて……。パリの地下鉄は料金が一律で、入場時に買った切符でどこでも行けるシステムになっているので、そうやってタダ乗りする人がいるわけです。

ゲートがすぐ閉まるので、おいらも改札で後ろからぐいっと押されたことがありますが、別に腹は立たない。「あっ、フランスにもこういうタイプの人がいるんだ、へえー、おもしれえな」という感じです。

日本の自動改札でも、やろうと思えばできると思うのですが、ピッとやる人の後ろにくっついて通る人というのは、おいら日本では見たことがありません。こういうのも文化の違いなのでしょうね。

あとパリだと、おばあちゃんは横断歩道を渡っている途中で信号が赤になってもぜんぜん急ぎません。車はおとなしく待っています。日本だったら、おばあちゃんが早足で渡ろうとしたり車がクラクションを鳴らしたりしますが、それがないのですよ。「おばあちゃんは、ゆっくりでしょうがないよね」というのが、パリの常識になっているわけです。

「正しさ」は一つの基準ではわからない

学生時代、アメリカに留学していたときにもそういった文化の違いを実感していました。

たとえば、日本には「年上には敬語を使わねばならぬ」とか、ルールではないけれどもみんなが守るべき約束ごとみたいなものがある。

アメリカにはその文化がなくて、「決められたルールは守ってね。でも、そのルール以外だったら別に何してもいいよ」という文化で、つまり、アメリカでは「そんなん知らねえよ、言わないおまえが悪いんじゃん」みたいな言い分が常識として通る、といった違いを経験したわけです。

ただ、アメリカでの体験しかなかった若い頃には「こういう人もいるんだ、へえー」という、客観的に「おかしな人」を面白がったり許したりする感覚はなかったですね。なので、よく腹を立てていました。

おいらの場合、日本、アメリカにフランスが加わって、三つの国の文化を体験したおかげで、これは人間一般の問題か日本人特有の問題かといった切り分けが、より客観的にできるようになったと思っています。単に年を取っただけなのかもしれませんがね。

要は、**正しい時間を知るには時計二つではダメ**だったということです。どっちかが壊れていたら、どっちが正しいかわからない。なので、三つ目がないと……。

「三つで本当に大丈夫か？」という話ではあるのですが、自分にとっては「物事の見方」という点で、二つと三つの違いはけっこう大きいのですよ。

タイプ別おじさん思考理解法

偉いおじさんの場合

お偉いさんと親しくなる技術として「ため口を利く」というのがあるのですが、それが裏目に出て失敗することもあります。

若造からため口を利かれて喜ぶお偉いさんというのは、「生意気な若造を許容しているオレって、器大きいだろう」みたいに思っていて、わりと多いタイプです。

ただ中には、「2人きりでため口はいいけれども、人前でそれはアウト」みたいな人もいるので注意が必要です。若造になめられている姿を周りに見られたくないというのは、「いつでもどこでも、トップらしくちゃんとしている」というイメージを保ちたいのでしょうね。

まあ、**お偉いさんと仲よくなるには質問をよくすることが一番**ですね。「それって、どうだったんですか？」「こういうときだったら、どうなんですか？」といったぐあいに。

おいらの中では、ある程度成功したおっさんは、それなりに面白い見解を持っているので、それを聞き出すというのを単純にやっているだけなのですが、結果として「ちゃんと話を聞いてくれた、いい若造」みたいなポジションになったりするのですよ。

また、聞いているだけではなく、あえて「かませ犬になる」ときもあります。

お偉いさんの中には、おいらと会うというので、ある程度「こういうふうな話がきたら、こう反論しよう」というのを準備済みな人もいるわけですよ。もしくは、すでにある話題について持論があって、それに自信がある人もいます。

そういう相手は「あれ、どう思う?」とか言って話をわざわざ振ってくるので、そういうときには「かませ犬」になって適当に論破されて、相手を気持ちよくさせて終わるというテクニックもあるわけです。

頭が切れるおじさんの場合

お偉いさんの中には、「頭が切れて、冷静沈着、すごく合理的なおっさん」というのもいて、世間的には「何か見透かされているようで、怖い」とか思われているようなタイプの人もいますが、おいらはそういう人のほうが楽です。

合理的なお偉いさんは無駄なことに時間を費やそうと思っていないので、変なプロセスがいりません。たとえば、体育会系だと「挨拶がない」みたいなしょうもないところで引っかかったりするのですが、それがない分、気を遣わずに普通に話ができるわけです。

そういう人と話していると、こちらが「突っ込まれたくないなあ」というところを鋭く突っ込んでくることもあります。

そういうときに「そうっすね、間違っていました」とか**素直に自分の非を認めると、「あ、こいつは非を認められるヤツだ」と認識されて、かえって得をする**ので、何も怖がる必要はないと思いますね。

人間は、やっぱり「自分がすごいんです」というふうに人に見せたいと思って一生懸命に話したりします。なので、自分の非を素直に認められる人というのは少ないわけです。

一方で人間は、じつは「強みを見せている人」よりも「弱みを見せている人」のほうに好意を持ちやすい。自虐ネタをよくやっているタレントのほうが好感度は上がるというのが、わかりやすい例でしょう。

そういう意味では、**合理的なお偉いさんの前では無理して一生懸命にならなくていい。**だから楽なのですよ。

ちなみに、自虐ネタに対して「あー、心を開いてくれたな」と好意的に受け止めるタイプと、「うわっ、こいつ、大丈夫なの？」と警戒するタイプに分かれるので、それを見極めてから話すように気をつけましょう。

偉くないおじさんの場合

偉くないおっさんは「過去の武勇伝」を聞いてほめるとだいたい仲よくなれます。お偉いさんはほめられ慣れているので、ほめてもあまり刺さりません。

仕事していないおっさんというのはほぼいないので、「そんな仕事してるんですか、大変そうですねー」とか言いながら、**仕事にまつわる自慢話をうまく聞き出してそれをほめる。**

このテクニックはあまりハズレがありません。偉くない人は、基本ほめられ慣れていないので、ほめていると楽にハマります。

偉くないおっさんと仲よくなってどうするんだというのはありますが、おいらは基本的に人の話を聞くのが好きなので……。

たとえばタクシーの運転手さんは、面白い話をけっこう持っています。特に怖い話が面白い。だいたいみんな「夜中にひとりで運転してて墓の近くを通ったら……」みたいな体験談を持っていて、「おー、すごいっすねー」というような怖い話ができるのですよ。

なので、「タクシーの仕事って、大変そうですね?」から入って、タクシーの運転手さんと仲よくなって面白い話を聞くというのをよくやっています。

ただし、**ほめるというのは、わざとらしくお世辞を言うとかではなくて、「へぇー、そうっすか?」とか感心しながら——たとえば「へぇー」のテンションを変え——話を聞くだけ**のことです。

おいらの質問に対して答えを返す、質問に返すというラリーを何回かやっているうちに、質問をしないのに相手が勝手に話し出すというターンがくる。このときはもう、相手が「しゃべりたいモード」になっているわけです。

そのモードのときに、たとえばタクシーの運転手さんに「怖い話ないっすか?」とか聞くと、ふわっと言ってくれるのですよ。

相手の地雷を踏んだら喜べ！

何か人に理不尽に怒られたりトラブったりしたのがきっかけで、「人が怖くなった」とか言っている人がいますが、きっと「万人に好かれなきゃいけない」と思っているからなのでしょうね。

おいらはそもそも他人に興味がないので、みんなに好かれたいとも思わない。**嫌われたら嫌われたで、「あ、そうっすねー」**です。なので、そういう意味では人を怖いとか思ったことはありません。

もちろん、理不尽なことで怒られることはけっこうあります。たとえば、メールアドレスのTOの欄の順番で「自分が後ろになっているのは失礼だ」とすごく怒った人がいました。ビジネスマナー本とかには書いてあるのかもしれませんが、実際にはわりと珍しい「地雷」なので、「へぇー、本当にあるんだ」と思って、逆に感心してしまいました。

どこに埋まっているかわからない地雷なら、いっそいっぱい踏めばいいのではないでしょうか。同じ過ちを繰り返すのは論外として、同じ過ちさえ繰り返さなければ、めちゃくちゃ珍しい地雷以外はそんなに踏まなくなると思うのですよ。

そうなると、めちゃくちゃ珍しい地雷を踏んだときには、むしろ「笑い話」にできるじゃないですか。

その話を聞いたみんながみんな「怒られて当然、あなたが悪いよ」と言うようなことは普通していないはずなので、そういう珍しい地雷は、面白ネタになると思います。

その意味では、笑ってくれる仲間がいるかどうかのほうが重要なのかもしれませんね。**おいらは何か失敗したときに、けっこう「あっ、これは友だちに話すネタになるな」という切り替え方をします。そうすると失敗を引きずらなくて済む。**

裏返して言えば、ネタにできる場や相手がいない人は、そういう切り替えができないのできついと思います。

要は、いっぱい地雷を踏んでも、「飲み会のときのネタ話になるからいいかな」と思っていられるように、**「気楽に話せる仲間をつくっておきましょう」というのが、一番の地雷対策**ということではないでしょうか。

そうしたら、地雷を踏んだときに「やったー」と思えるはずです。「このくらいで怒るのは相手がおかしいよね」というのは、職場の同僚もわかってくれるはずで、普通は自分のマイナスにはならないでしょう。

ちなみに、おいらはめちゃめちゃ石橋をたたいて渡る派です。「地雷が爆発しても安全」と思えるくらい石橋をたたいているので、怒られることはおいらにとってリスクにならないというわけです。

「相手の人に嫌われたらどうしよう?」と悩むのではなくて、「この人に嫌われて、一生この人と会わなくても特に困らんな」というところまでシミュレーションします。

つまり、先に最悪の状況の想定ができているので、地雷を踏んでも「あー、そうですよね」で、はい、終了……と。

怒られるのはおいしい

人に怒られることじたいをマイナスと感じる人もいるでしょうが、実質的に損害がない場合、怒っている人を見られるというのは、おいらにとってはエンタメなのですよ。会議で怒っている人とかはめちゃめちゃ好きで、「わー、怒ってる、怒ってる」と、かなり面白がっています。

怒っている人に、どういうボールを投げたら怒りが上がったり下がったりするのかというのを試すのもけっこう好きです。怒りのガソリンをわざとくべて、「おっ、すげー、そこで机たたくか！」とかを、心の中でニヤニヤしながら見ています。

殴られても「ちょっとおいしい」ぐらいに思っていますからね。実際に殴られたらけっこうお金がもらえるじゃないですか、なので「お得」みたいな……。

おいらは、昔キックボクシングをやっていたので、どの程度殴られたらどれくらいのケガになるかということがわかっています。人生で一度も殴られたことがない人は、「殴られるとすごい痛そう、だから怖い」みたいに思うのでしょうが、実際には、それほど大したことがないのですよ。

殴られ慣れていない人と同じように、**怒られ慣れていない「いい子」というのは、やっぱり怒られることを実際以上に恐れてしまう**という面があるでしょうね。

おいら、たぶん小学校のときに怒られないで帰った日というのはなかったと思います。その頃から遅刻も多くて、毎日必ず何かしらで怒られていました。そうなると、怒られるのはおいらにとって日常茶飯事で、怒られないと逆に不安を感じるようになります。

小学校3年生のとき、列になっていて、「西村、ちょっと前に来い」と言われて、「何も悪いことしてないのに呼ばれてる、これは変だ」とすごく不安になって、前に行けなかったことがありました。

それは単に列を二つに分けるためだったのですが……というぐらい、おいらにとっては先生に名前を呼ばれて怒られるというのが当たり前のことでした。

けれども、そういうキャラで特に困ったことは別になくて、友だちもずっとおいらが怒られている姿を見ているので、怒られたから仲間外れになるというようなこともありません。要は、怒られることは大したことないということが、慣れているおいらには、ずいぶん昔からわかっているわけです。

考えてみたら、昔の学校では怒られるのと殴られるのがセットでした。社会人になったら怒られても殴られないじゃないですか。1時間立たされるというのもありました。会社で怒られても立たされるとかないじゃないですか。せいぜい口頭で怒鳴られるくらいで、その意味では「すげー、ぬるい」と思うのですがね。

ビジネスシーンでは、怒られると「自分の価値が下がる」とか「自分が低く見られる」といったことを気にする人もいるようです。

基本的には、**仕事の評価というのは「結果が出るかどうか」**なので、プロセスとか態度とかはあまり関係がないのではないでしょうか。

結果が失敗したときも、失敗しても責任がこないような布石さえちゃんと打っておけば大丈夫のはずです。たとえば、判断をするときに自分の独断ではなくて「この人が判断した」とか「みんなでこれは進めようって言ったよね」とか、いわば責任の所在をきちんとしておけば、過度に責められることはないはずなのですよ。

「ヘタなことはしないほうがいいけど下」くらいのポジションにいる

レストランや居酒屋さんで、偉そうにしている人がおいらには本当に理解できません。というのは、裏で料理に唾《つば》吐かれたりゴミとか混ぜられたりしても、ほぼわからないから。店員さんに居丈高に文句を言っている人を見ると、「なんでこの人、そんな偉そうにできんだろう、すげーな」と思います。

食べ終わったあと偉そうにするのはある程度わかるのですが、まだ料理が出てきていないのに店員さんを不快にさせている人は、ちょっと信じられません。

お店に限らず、たとえば会社の中で「下手《したて》に出るとなめられる」とか思っている人もいるようですが、**下に見られてなめられているほうが何かと得**だと思うのですよ。つき合いやすいヤツだと思われていろんな場に誘われたり、基本的に自分を脅かさないヤツだと思われているのでチャンスももらいやすくなります。

仕事の評価にしても、2に見られていた人が8の成果を出したらプラス6ポイント、5に見られていた人は同じ8の成果を出してもプラス3ポイントにしかならない。「おっ、案外やるね～」とぐんと見直されるのは、たぶん前者のほうでしょう。

あとは変にライバル視されたりやっかみを受けたりすることもないでしょうし、まあ、期待値が低いほうが変なプレッシャーがなくて、気楽に仕事ができる可能性も高いと思いますね。

一方で下に見られてなめられると、雑に扱われて理不尽に振り回されるといったことも起こりがちですが、たとえば、何か面倒くさいことをやらされそうになったときに「牙」をむくと、それ以降は振り回されることはなくなると思います。

「ポジションとしては下、けれどもヘタなことはしないほうがいいヤツ」というくらいのポジションがちょうどいいのではないでしょうか。

なので**おいらは、だいたい下手に出るのですが、必ず「牙をむきそう感」を出すようにしています。**

たとえば、相手の嫌がるところや何か間違ったことを言ったときでも、決して厳しく突っ込まない。「相手も薄々気づいたな」というところでやめて、決定的には追い込まずに放っておくわけです。

そうすると、相手は「あまりなめてかかるとやり返される」と警戒するようになるので、理不尽なことは言わなくなるのですよ。

その場で相手の間違いとかをはっきり指摘してしまうと、その人のメンツをつぶしてしまいます。

なので大事なのは、「わかっているけど、突っ込みませんでしたよ」というのが相手に伝わっただろうというところで引くこと。

わかりやすい技としては、その人との会合が終わったあとにメールとかで、「あのときは言いませんでしたが、あれはこうだと思うんですけど」と個人的に送っておけばいいわけです。

人に期待しなければ最強

おいら、わりと人間を全般的に見下しています。なので、他人に嫌われることがあまり気にならない。**攻撃されても「そうですか、はい、はい」**みたいな感じでいられるわけです。

「人間に期待していない」と言ったほうがいいかもしれませんね。万人が万人、おいらを好きなわけでもないし、おいらに興味があるわけでもないだろうというのがあるので、「嫌われたとしても当たり前だよね」というのが先にくるわけです。

おいらには「尊敬する人」というのがいません。なぜかというと、もちろん自分が万能で自分以外は下というわけではなくて、客観的にそこまで敬意を払わなければならない存在というのが、そもそも世の中にはないだろうという気がしているのですよ。

人にはいい部分もあるし、能力的に優れている部分もあるけれども、**「人間として完璧**

である」みたいなことはそもそも成立しないと思っています。能力値としてすごく優秀な人はいるけれども、万能な人間はいないだろう……と。

そもそも動物はそういうものでしょう。ボスやリーダーはいますが、それは強いからだったり餌をくれるからだったりで上下関係が決まるだけです。別に生き物としてリスペクトみたいなことでその「社会」はできあがっていないはずです。

相手が上で自分が下とか、あまりそういうふうに考える必要はないと思うのですが、人間はとかく「幻想」を抱きがちなのでしょうね。たとえば、おいらがウシに生まれたら、たぶんほかのウシを尊敬することはなくて、それと同じでいいと思うのですよ。おいらがやや冷めた位置から人間を見ているせいかもしれませんがね。

おいらは人を観察するのは好きですが、「人恋しい」になったことはありません。わりと引きこもっていてもぜんぜん楽しいタイプです。人に好かれたいという欲望を持っていたとしたら、そんなふうにならないと思うので、「人に好かれたい」が強い人は大変なんだろうなと思います。

子どもの頃、ずっとひとりで遊んでいたのですよ、おいら。そのときに基本的な人格が形成されてしまった気がします。遊び相手がいなくても、自分ひとりで好きに遊べる時間があれば楽しく暮らせるということが、もう子どもの頃に身についてしまったわけです。

たとえばお兄ちゃんがいる人は、わりとお兄ちゃんについていってお兄ちゃんに言われた遊びをします。つまり、人間関係が成立したうえで遊びも成立するのですが、おいらには姉がいたのですが、そうしたことがありませんでした。

なので、周りに人がいなくても特に困らない「ひとりが当たり前」という感覚が、子どもの頃からずっと続いているのでしょうね。

一人っ子とか長子というのは、遊び相手がいない状態がスタートです。それでだいたい世界観を形成するはずなので、たぶんおいらと同じような感じになると思うのですがね。それに対して次子というのは、何かの遊びをほかの人から提供されるのが当たり前だと思っている感じです。

おいらの周りでは、友だち同士で暇なときに「じゃあ、こんな遊びしようか」という暇つぶしの遊びの提案をしてくる中の長男率が、めちゃくちゃ高いのです。つまり、長男は子どもの頃から一人遊びをせざるをえなかったので、何かしらの暇つぶしの遊びとかゲームとか、自分なりの楽しみ方を自分で探すということに慣れているというわけです。

もちろん、親が過干渉だった一人っ子とかはまた別だと思います。おいらの親は「完全放置」だったので、こんな世界観になったのかもしれません。

ちょっと逆を考えてみましょうか。万人に好かれようと思ってもなかなかそうならないように、**万人に嫌われようとして生きても、人間はなかなか全員に嫌われることはできないはずです**。おそらくどんな凶悪犯にも「味方」はいるでしょう。

要するに、「人に好かれたい」とか特に意識しなくても普通に暮らしていれば、それなりに人との接点や仲間は必ず出てくるものなのですよ。

ただ、「絶対この人に好かれなければならん」みたいな、特定の人との関係にゴールを決めると、とたんに難しくなると思います。たとえば「安室奈美恵と結婚したい」とか無理じゃないですか。なので、「この人じゃなきゃダメ」ではなくて、「この人がダメだったら、次で。次がダメだったら、その次で……」みたいに、**どんどん「好かれたい相手」のゴールを変えていけばいい**と思いますね。

好かれると期待するから好かれなかったときにショックを受けるわけです。それよりも「当たるも八卦《はっけ》当たらぬも八卦」みたいに構えていたほうがいいのではないでしょうか。

議論でいちいち傷つかない

先に嫌われると楽ですよ

おいら、たぶん討論番組とかで何を言われても傷つかないと思います。なぜって、ビジネスシーンでもそうですが、そういう議論の相手は友だちではないから。「みんなに好かれたい」とか思っている人が、たまにいるじゃないですか。だから、人に嫌われるとすごく傷つくのでしょうが、キムタクですら嫌われる世の中で、「こんな私が、なぜ万人に好かれると思うの？」みたいな考え方のほうが当たり前な気がするわけです。

みんな子どもの頃から一定の割合で人から嫌われてきたはずです。なので、別に傷つく必要はなくて、**「あっ、私を嫌うタイプの人ね」と思えばいいだけ**でしょう。

それに、仲よくなって嫌われるよりも先に嫌われたほうが楽だと思うのですよ。たとえば、礼儀正しい人を好む相手に対して、たまたま礼儀正しくしていたら仲よくなった……

と。仲よくなってから、ふだんどおり礼儀知らずにふるまったとたん、その人が「おまえ、じつは礼儀なってないじゃん！」と言って怒り出して離れていった……と。だったら、最初のうちに怒られてつき合わないほうがコストは安いわけです。

もう二度と接点を持たないのであれば、仲よくなっていく過程に使う時間が無駄じゃないですか。

おいらの場合で言えば、よく遅刻をするので、遅刻が嫌いなタイプの人は初めから近づかないでいただきたいのですよ。そういう評判が耳に入った時点で、「遅刻するようなヤツとは話できん」と拒絶してくれたほうがマシで、会って話して何回目かで遅刻したときにそう言われてしまうと、それまでの時間がもったいないですよね、お互いに。

感情と理屈を切り分けられない人

「みんなに好かれたい」をビジネスシーンに持ち込んでしまうような、感情の面で「敏感」な人の場合、たとえば、会議で自分のアイデアを批判されると「私が嫌いだから批判するんだ。なんか私、嫌われることしたかな？」みたいに、傷ついたり心を閉ざしたりするパターンがありがちです。

まあ、「大人」であれば、会議で批判されているのは「自分に対してではなく、アイデアに対してだ」という切り分けが普通にできるので、まだ「子ども」なのでしょうね。要は大人になればいいだけなのですが、子どもがそこまでの「知能」に達するのには、案外時間がかかると思うのですよ。

子どもというのは、感情と理屈を切り分けたり、抽象的な思考をしたりするのが苦手で、低学年からできる子もいますが、ある程度できるようになるのは、小学校高学年からだそうです。

たとえば、足し算を教えるとして、単に「リンゴが2個あります」と言ったときに「どこ？　ないじゃん！」と言ってしまうのが幼稚園の子。なので、「積み木が2個あります」と実際に目の前に積み木を2個置いて、そこに3個目を出してきて、「1個足すと、3個だよね」と現実にそこにある物で教えないと理解できません。

小学校低学年の子になると、少し抽象的な思考ができるようになるので実物はいらなくなりますが、それでもリンゴ2個とミカン1個という具体的な「イメージ」を言って、「足すと3個だね」と教えないと理解できない。ようやく高学年になると、「2＋1」というような数式だけ、単純に算数の抽象的な世界だけで計算ができるようになるわけです。

というように、人間というのは物事をちょっとずつ乗り越えて賢くなるので、時間がかかるのですよ。

さて、社内で傷つきやすい人に対してどう接したらいいのか。

会社の同僚というのは、もちろん幼稚園や小学校の先生ではないので、その人を成長させることは義務ではありません。

なので、**なるべく傷つけないように「難しいんじゃないかな」「そうだね、難しいね」みたいに、ふわっと接していればいいのではないでしょうか。**

ひろゆき流怒りのマネジメント

「怒りが消えない」ことに悩む人がわりと多くいるそうです。

「怒りが消えない」というのは、「あのとき、こうしていればよかった」とか、過去に起きた出来事で変更したい点がある場合に、それを思い返して怒りの感情が出てくるという状態でしょう。

おいらの場合、すぐにその場で反論するので、そういうことはほぼありません。おいらの中には、「あとで変更したいと思うようなことはその場でやってしまう」という基本ルールがあって、「これしとけばよかった」とあとでならないようにいつも行動しています。

なので、もしおいらが会社員だったら、徹底的に反論すると思います。たとえ「反論したらクビになる」という状況でも、「別にクビになっても、なんとか食っていけるだろう」と考えるほうなので……。

実際、**その場で言い返してもクビになることはないでしょうから、我慢しないほうがじつは得**なわけです。しかも、ちゃんと言い返すと「面倒くさいな、こいつ」と思われて、次回から「攻撃」が緩くなったりするはずです。

嫌なことがあったとき、おいらはとりあえず映画を見たりゲームをしたり、嫌なことを思い返せないほど没頭できる「趣味」に一定の時間を使います。

いわゆるクールダウンなのですが、じつは人間のストレスというのは、嫌なことを意識している間はずっと継続して、意識していないといきなりなくなるそうです。また、ストレスが高い状態が長時間続くと何かと影響が出ますが、ストレスを1回リセットするとまたゼロからの蓄積になるので影響は出ないと言います。

なので、**趣味に没頭してその嫌なことを一切意識しない一定時間をつくるというのは、「怒りを消す」ための対策として、けっこう有効**だと思うのですよ。

知り合いで、嫌なことがあったときには「サウナに行く」という人もいます。サウナに何十分も入っていると、頭がぼーっとして何も考えられなくなります。さらに、冷水に入ってサウナに入ってを繰り返すのにけっこうエネルギーを費やすので、考える体力もなくなるというわけです。これもリセットですね。

趣味でもサウナでも、終わったあとは嫌なことをつい思い返してしまうのですが、1回そのことを考えない時間を経ると、またストレスがゼロからの蓄積に戻ります。

よくある「やけ酒」というのは、体に悪いのでやめたほうがいいでしょうね。それに、酒を飲んでいる間は酒のことだけを考えるというのはできないでしょう。単に思考がもやっとするだけで、ずっと怒りが消えないストレスの高い状態が続くはずです。

泥酔して寝たら一応リセットになるかもしれませんが、やはり体に悪いので避けたほうがいいと思います。

おいら、最後に怒ったのがいつだったか思い出せないほど、本当に怒らないのですよ。人に怒ってもしょうがないと思っています。

人に侮辱されても腹が立たないし、傷ついたりもしない。「こういうところが本当にダメ」とか責められても、別に落ち込むこともありません。

なぜかと言うと、自分自身のダメ野郎ぐあいは、攻撃してきた人よりも自分のほうがよく知っているから。西村博之のダメな部分をちゃんと認識しているので、他人に言われても「それ知ってる、子どもの頃から」という感じで、むしろ「いや、もっとひどいっすよ、この人は」と言いたくなりますね。

ひろゆき流キラーフレーズ③
「はい・いいえで答えてください」

おいらはよく「それは○○ですよね？　はい・いいえで答えてください」とチョー直球の質問をすることがあります。

たとえば、32ページで紹介した評論家さんとの対談。「ネットユーザーの本人特定」の問題でコストの話になったときには、議論をかみ合わせようとして、最終的には「名前と名なしさんでもコストは一緒ですよね？　はい・いいえで答えてください」と突っ込みました。

「はい・いいえで答えてください」という質問に対して、はい・いいえ以外の答え方をする場合、すごく苦しく感じられてしまう。つまり、はい・いいえで答えられない時点で、見ている人の評価は固まってしまうというわけです。

話がかみ合わなかったり、自説にこだわりの強い相手だったら、「はい・いいえで答えてください」という単刀直入の問いを投げかけて、さっさと前提条件を共有するというのも手だと思いますね。

第5章

「ああ論破したい!!」

こんなときどうする!? ひろゆきのお悩み相談室

会社の会議などで上司や先輩、取引先などを論破できなくて、自分が正しいと思っている意見を引っ込めざるをえない……。やっぱり「悔しい」と思っている人は多いようです。

ここでは、ありがちな悩みについて、その解決法といったものを考えてみることにしましょう。

「本題からはずれて、過去の話で攻撃してきた」

相手が本題からはずれて過去の話で攻撃をしてきたときはどうしたらいいでしょうか?「あのときの態度が許せない」とか「だからあのとき失敗したんだ」といったぐあいに、もう済んでしまったことを持ち出して「そもそも気に入らない」といった言い方で攻撃されると、その言葉を思い出しては「だから自分はダメなんだ」と、いつまで経っても引きずってしまいます。

おいらは議論に入る前に**「過去のことを話すのはやめましょう」**と、わりと先に釘を刺しておきます。

過去のことは過去ですでに確定した事実なので、それをいまここでやっても時間の無駄です。それは相手も十分わかっているので、そう言っておくとたいがい過去の話は出てこなくなります。

「昔これをしたじゃないか、あれをしたじゃないか」というのは、夫婦ゲンカとかでもよくあるパターンだと思いますが、それを言い出したら切りがない。過去のことを出すと「過去にどれくらい相手が悪かったか覚えているか競争」になってしまいます。

つまり、嫌なことを一生懸命覚えていたほうが強いとなったら、お互い相手がどんどん嫌いになっていくと思うのですね。

なので、「昔のことは置いときましょう」とお互い納得して、いま起きた出来事でどっちが悪いか決めるだけでいいと思います。「これはこっちが悪い、じゃあ謝りましょう」とか「それはこっちが悪くないんで、別にいいのでは？」などと話し合ったらいいわけです。

要するに、**過去のことで騒ぐことが「ポイント」になるような話の進め方はしないほうが、人間関係は円滑になる**はずなのですよ。

それでも過去の話を持ち出してきたらどうするか。その時点で相手は、何かを解決するモードからあら探しに時間を使うモードに変わってしまったということなので、いったん話し合いをやめて、「時間が経ってから再開しましょう」などと提案したらいいと思います。

人間は生きていれば、必ず何かしらの迷惑をこうむっていて、それをある程度我慢しながら過ごしているわけじゃないですか。それこそ人間関係を円滑にするために……。

でもそれだと、「我慢すればするほど損をするし、騒げば騒ぐほど得をする」という、嫌な人のほうがはびこる状態になってしまうわけです。

なので、たとえばおいらには「友だちに何か迷惑をかけても絶対おごらない」というルールがあります。損得抜きで人間関係を続けたほうが長期的にはいいと思うので……。

もちろん、自分が何か迷惑をかけられてすごく嫌な思いをしても「カネ払え」とは言いません。とはいえ、「おごってくれる」というならおごってもらいますがね。

「異常に細かい人に詰められて疲れる」

異常に細かい上司がいて、作業に漏れが一つでもあると、どんな小さなことでも「なんで？　どうして？」としつこく責めてきます。「どうでもいいんじゃないか」と思える本当に細かいところまで、何度もダメ出しして突き返してくるので、心も体もボロボロです。

まあ、人件費の無駄としか言いようがありませんね。先に「正社員1人につき、雇用の維持費が1時間で5100円くらいかかっている」と紹介しました。

1時間、しょうもないことで「怒って・怒られて」をやっているというのは、2人分で1万円も損しているということじゃないですか。という話をしてあげたら、それ以上突っ込める人はあまりいないと思います。

おいらなら、こんな言い方をするでしょう。

「おっしゃる論点はわかりました。で、これ以上話を続けてもお互いに時間の無駄だと思うんですよ。時給換算するとお互いこれぐらいじゃないですか。それを損し続けてるのは、あなたのせいですよね？」

「そうは言っても、おまえの成果物が悪いからオレもこんなに時間を取られてるんだよ」

とか反論されてもひるむ必要はありません。

「ですよね。だから要点はわかったので、この話はいますぐやめて、お互い仕事をしたほうがよくないですか？」などと言えばいいだけの話です。

感情的になって、一生懸命いろんなことを言いたがる人はよくいますが、それは本当に時間の無駄だと思うのですよ。たいてい内容的には、文書で読むと数十秒で終わる話だったりするわけです。
なので、それでも引きとめるようだったら、「申し訳ないですが、いま時間がないので要点をメールで送ってください」とか言って、さっさとその場を離れてしまうのが手っ取り早いと思います。

「相手が怒鳴ってきて反論の隙がない」

バイト先の店長がすぐ感情的に怒鳴ってきます。こちらが悪い面もあるので仕方ないのかもしれませんが、事情も聞かず謝ってても許してもらえず怖くて黙るしかありません。

近くにあるゴミ箱をバーンと蹴飛ばしたらどうでしょうか。きっと一発で相手のほうが黙るはずです。「これ以上は謝っても無意味なんじゃないかな」と思ったら「逆ギレをする」というのが手っ取り早いと思いますね。
怒る理由を説明するにはある程度時間がかかります。たとえ相手のその説明が終わって「よくわかりました、すみませんでした」と言っても、まだやり取りが続く……なんてことが起こりがちです。それは感情的になっている部分を相手にぶつけることでストレス発散をしたいというモードになるからでしょう。

ストレス発散モードなら、相手が従順であればあるほど気持ちがいいし、その時間を長く続けられるわけです。

裏返すと、**怒っている相手が刃向かってきたらストレス発散ができなくなる**ということ。なので、逆ギレしたほうが、相手のほうが「もう、いい」となって早く終わるというわけです。

おいらがよくやるのは、何か議論しているときに相手が怒り出したら、「すいません、ちょっとトイレ」と席を外して、20分とか帰ってこない。

20分後、またそこから怒れる人は少ないものです。さすがにトイレまで追ってくる人はいないですからね。

トイレで20分なんて、ソシャゲーやっていればすぐなので。

「自分のやり方を押しつけてくる人がむかつく」

会社に「自分が言っていることはすべて正しい」という感じで、上から目線で言ってくる先輩がいます。「成長したいなら、○○すべきだ」とか自分のルールを押しつけてきたり、いちいち「この本を読め」とか読みたくもない本を渡してきたりして、けっこうストレスです。

本なら読んだふりをすればいいだけだと思うので、そのへんは拒絶をする必要はない気がします。感想とかを聞かれても「読んだけど、よくわかんなかったっす」などと適当に答えておけばいいわけです。

そういう**押しつけがましい人は、言っていることが本当に正しいかどうか、その人が有能か無能かとかは別にして、基本的には「親切」なのではないでしょうか。なので、別に敵視する必要はない**と思うのですよ。

何かをわざわざすすめてくるというのは、相手によかれと思ってやっているはずで、ただ相手の望みとズレているだけでしょう。なので、本をくれたら普通に「ありがとうございます」ともらっておいて、あとでブックオフにでも売ればいいと思います。

好意できている相手に対して攻撃で返すというのは難易度が高いじゃないですか。相手が悪意をぶつけてくるなら、それに対して仕返しするのは楽なのですがね。

ただ、そういう「親切」をやめさせる方法はあるでしょう。たとえば「口が軽い人」になったらいいと思います。

「○○さんにこういう本をもらっちゃったんだけど、どう思う?」とか「こうすべきだって言われたけど、どう思う?」などと、何かあるたびに周りの人に大きな声で報告し続けていると、周りの人のほうが「えっ、○○さんってどういうつもりなの?」とか不審に思うようになるじゃないですか。

そんな評判が立ってくると、相手も何か言ったり渡したりすることがリスクになってくるので、そのうちお節介をやかなくなるはずです。

その意味では、2人きりにならないように注意したほうがいいわけです。やっぱり第三者がいないところでは人間はけっこういろんなことができてしまうので、面倒くさいことになりがちです。「ちょっと会議室に行かない?」などと誘われても、「手が離せないんで、この場でお願いします」とか言って、2人きりは避けたほうがいいでしょうね。

「目上の人が事実と違うことで非難してきた」

ある案件について、事実を間違って認識している上司が「あれは、こうすべきだろ」などと一方的に非難をしてきます。どうしたらいいでしょうか？　下手に反論して機嫌をそこねると自分に不利益がありそうなので、何も言えず困っています。

それを言うことで何を得たいのかによると思うのですが、不利益になるなら反論しなければいいじゃないですか。

日常は学会ではないので、真実を追求してもしょうがないと思うのですよ。なので、その会社にいる目的が「給料をもらう」なのか「出世する」なのかわかりませんが、自分の目的に沿った言動をしていればいいだけな気がします。

ただ、巻き添えを食わないように布石をちゃんと打っておいたほうがいいと思います。たとえば第三者がいる会議の場とかだったら、「でも、こういう事実があると思うんですけど、ただわかんないんで、そこは乗っかります」みたいなことを言っておくこと。

結果失敗したとしても「ほかの事実を提示したけれども、上司の言ったとおりにして失敗した」というのであれば、自分の責任にはならないでしょう。

その人の前では、たとえ会議でも言いにくいということがあるかもしれませんね。上司のメンツとかもありますから。であれば、その上司には言わないで、自分の周りの同僚とかに言っておくだけでもいい。**履歴として「自分が反対だったというのを知っている人」をつくっておく**ことは、けっこう大事だと思います。

「お客様から電話でののしられた」

お客様から電話口でひどくののしられたときはどうしたらいいでしょうか？「答えになっていない」「謝れ」「心がこもっていない」「責任者を出せ」などと叱られ続けて、病んでしまいそうです。

相手の言っていることをひたすら「おうむ返し」にしているだけでいいので、クレームの電話とかぜんぜん疲れないと思うのですが。

おいら大学生のときに、イドー（IDO、日本移動通信）の電話センターでアルバイトしていたことがあります。夜9時から朝9時までの応対は、社員ではなく下請けの会社がアルバイトを使ってやっていたので、そこでクレーム電話をずっと受けていました。

基本的に何か問題があって解決したいというお客さんには、その電話では解決できないので「朝9時以降、上席のほうから連絡させます」と言っておけば終わりです。

ただ、中には**「文句だけ言いたい人」**というのがいるわけです。そういう人には、マンガを読みながらでも**「そうなんですか、申し訳ないです」と言って勝手にしゃべらせておけば、「こいつ、ちゃんと話を聞いているな」と思われて、特に問題ないのですよ。**

相手は自分の言っているクレームに共感してほしくて、一生懸命に話しています。なので、話の要点を「では、こういうことが起きたんですよね？」などと、まったくおうむ返しをしているだけで相手は勝手に気持ちよくなってくれるわけです。

アルバイトの作業としては、一件の電話をひたすらだらだら延ばしていたほうが楽じゃないですか。どこの会社のクレーム電話も基本的には同じでしょう。

文句を言いたいだけの人にはまじめに対応しようとすると疲れるので、本でも読みながらダラダラ対応したらいいと思います。

「よかれと思って指摘したことでキレられた」

ミスを指摘するとすぐすねる同僚には、どう対処したらいいのでしょうか？

指摘しないほうがいいのではないでしょうか。一般論で言うと正しい行為なのかもしれませんが、**相手をよくしてあげたいというのは一般論としては正しいとしても、その人にとっては「ありがた迷惑」で正しくないことなのかもしれない。**なので、相手によかれと思ったことでもやらないほうがいいと思うのですよ。

おいらなら、少し見下して放っておくでしょう。別に会社の同僚は家族ではないので、その人はその人の人生を勝手に歩んでもらえばいいわけですから。

ミスを直してもらったほうが業務の質は上がるので会社全体の利益にはなるのでしょうが、**その人ともめながら直してもらうよりも、たぶん自分でやったほうが早い**と思います。

人の行動を変えることはすごく難しいのですよ。男性の場合は35歳を過ぎたら不可能とよく言われますが、おいらもそれは9割正しいと思っています。20代の男性は、まだ言って直る可能性があるけれども、35歳を超えると何を言ってもダメな人はダメ。ミスを指摘するだけ時間の無駄ということです。

「チームで成績を上げましょう」というとき、ダメな人が1人いた場合には、その人に費やす時間をゼロにしたほうがいいと思いますね。

「頑張ってください」などと声はかけても、期待もしないし直しもしない。万が一何かうまくやってくれたら「やった、得した」と思っていればいい。会社は学校でもないので、別に教師役を買って出る必要もないはずです。仕事ができないダメな人は放っておいてかまわない気がしますね。

ダメな人のミスのせいでチームの成績がマイナスになっても、「この人がマイナスのことをやりました」ということが周知されていたら、ダメな人だけの問題になるじゃないですか。「この人のせいで損したんです。ある程度防ぐ努力はしたんですけど、ダメでした」と言えればいいだけの話です。

なので、「この人はこういう失敗をした」というマイナスの記録をつけておくとけっこう便利なのですよ。「この人をチームから外したい」というときの説得材料に使えます。

その人だけのミスだったという事実の証拠というものがないと、会社としても何か処分を出すことはできません。

材料をちゃんと用意しておいて、材料を示しながら上司なりを説得する。上司というのは材料がなければ処分はできないけれども、材料があったら、もみ消したらもみ消したで問題になるので、何かしら処分を出さざるをえないわけです。

「自分だけに当たりが強い人がいる」

私だけに当たりの強い上司がいて、とても理不尽に感じます。ほかの人には当たりが柔らかいのに……。どうしたらいいでしょうか?

「自分にだけ」というのは、あまり気にしなくていいと思うのですがね。ほかの人にどういう態度を取っているかということを考慮しても、ほとんど意味がない気がします。少し離れた比較かもしれませんが、「ヤクザは自分の身内にはやさしい」みたいな話があるじゃないですか。でも、そんなことを考慮してもしょうがないわけです。「あの人は、家に帰るといいお父さんなんですよ」と言われても、「そんなん、知らんがな」ですからね。

要は、「自分にとってどうなのか」というだけで判断したほうがいいと思いますね。自分にとってはヤクザはヤクザだし、嫌な上司は嫌な上司ということで、それ以外の存在ではないわけです。

さて、「当たりが強い」というのにもいろいろあって、たとえば「口が悪い」という場合、自分にとってメリットがあるのなら、「しょうがないな」とあきらめてつき合っていけばいいいと思います。

メリットがないのなら、セクハラ、パワハラ的な暴言を記録しておくとよいでしょう。

「何月何日のこの会議で、こういうふうに言われました。出席者はこの人でした」という記録を何個か用意しておくと、その人を追い込む「武器」として使えます。

陰湿なケースもあるでしょうね。たとえば「自分の提案だけが通らない」とかだと、「それは提案が悪いだけじゃないの」と言える余地もあるわけです。

上司よりさらに上の人に話ができるのであれば、同じ提案の話をしてみたらいいと思います。「つまんねえよ」と言われたらあきらめるしかないでしょうが、「面白いかもね」と言われたら、「○○さんに面白いかもねと言われたんですけど、どうなんでしょう?」というふうに、再度、上司に提案する手はあるはずです。

ただ、会社員で悪い上司にあたったらどうしようもないとも思うのですよ。上司の上司との接点がないなら、会社を移るほうが手っ取り早いでしょうね。

直接の評価者が自分と敵対行動を取っている場合、その状態で働き続けても決していいことはないと思います。

上司ではなく同僚や後輩の場合は、多少当たりが強くても、面と向かって悪口を言ってくるのでなければ、単に「無視」していたら済む話です。

「居心地が悪い」とか「腹が立つ」とかあるかもしれませんが、基本的には気にしなければいいだけでしょう。

別に**会社に友だちをつくりにきているわけではないので、「嫌なヤツがいても気にしない」という「処世術」に慣れるしかない**と思うのですよ。

敵対関係になると「悪い噂《うわさ》を流される」といった心配もあるでしょうが、事実に基づかない「評判」を広めるのは、けっこう大変です。事実に基づく悪い評判だったら、それは噂ではないので、わりと簡単に広まりますが。

事実に基づかないことで評判をつくって、なおかつそれを第三者が第三者の中でうまく回すというのは、よほど面白い話でない限りは難しいと思います。なので、「やめて」とか話す必要もなくて、単純にシカトしていればいいわけです。

さっき「人の行動を変えることはすごく難しい」と言ったように、やっぱりそんなに他人に期待しないほうがいいと思うのですよ。

相手に「やめて」と言ったら、相手がやめてくれると思うのは、その人が変わるだろうという期待をしているわけじゃないですか。期待するのは、まだ少し好意を持っている状態だからでしょう。本当に敵対していたら、そんな期待すらするのも無駄だと思うはずです。

社内にある程度の敵対関係があるほうが、じつは会社の業績が伸びたりするのですよ。たとえば、営業部に仲の悪い営業マン2人がいます……と。当然ですが、いい成績を出したほうが評価されます。なので、頑張って敵対者の営業成績を少しでも超えようとお互いに競争し続けます。結果として部全体の業績がよくなったりするというわけです。

魚の寿命の話というのがあるじゃないですか。水槽の中に魚がばーっといる……と。その中にサメを1匹入れておいたほうが魚の寿命は延びると言われていて、その理由として、緊張感があったほうが種というものはうまく生き延びるからという説があるそうです。

会社というのもそれに似ていると思いますね。つまり**会社の中では、緊張感をもたらす敵対行為というのはそんなに悪ではない**、会社全体の寿命を延ばす「必要悪」の部分だと思うのですよ。

その意味でも、会社の中に嫌な人がいるというのは、ごく当たり前のことだと思うわけです。

第6章

議論に強くなる頭の鍛え方

「ああ言えばよかった」への処方箋

おいらが出た討論番組とかを見て、「ひろゆきは頭の回転が速い」と言う人がいますが、別にそんなことはありません。そのときに急に考えて即答しているわけではなくて、じつはパターンなのですよ。

自分の中で「こういうときはこのパターンで返す」という分類がある程度できているので、それを取り出して議論しているというわけです。

討論番組とかでは、分類できていないような状況にはほぼならないので、まあ、楽ですね。

ゲームをよくやる人ならわかると思うのですが、ゲームは0コンマ何秒の判断しだいで、わりとそのあとが狂ってしまって、それまで費やした30分なら30分という時間がまったく無駄になります。ゲームを本気でやっているおいらにとって、そういうミスは大げさではなく「致命的」なのです。

そんなゲームの世界に比べて、現実の討論番組での判断、ビジネスシーンでの判断とかもそうなのですが、別に判断が10分遅れても1日遅れても、じつは結果に大した違いは出ないし、それまでの時間が無駄になるということもないでしょう。なので、おいらにとって現実の世界での判断のほうがすごくぬるいわけです。

スポーツをやっている人も、こうした感覚はわかってくれると思います。


もちろん、議論のあとで「こう言えばよかった」と思ったり、自分の言い分を補強するようなもっといい材料があったことに気づいたりすることはよくあります。

それを次の機会に生かすようにしたら、当然前よりも正しい判断ができるようになるわけです。


もちろん、おいらが言う見直しというのは**「こういうパターンだったら、こっちでやったほうがもっとうまくいくな」という新しいパターンのモデルをつくる**みたいなことです。**後悔して自分を責めるといった類いの無駄な行為のことではありません。**

おいらはわりと楽天主義者なのですよ。その場の状況でそういう判断をした以上、あとになってみて「あれは違ったよね」というのは、くよくよ考えることではなくて、むしろ「そんなもんでしょ」と軽く流してしまうことなのです。

たとえば、「第二次大戦のとき、負けるのがわかっていたんだから日本は戦争すべきじゃなかった」みたいな追及の仕方があるけれども、おいらそれはしない派です。

「いや、それ終わったから言えるけどさ」とか、あとから過去のことを追及してもしょうがないという考え方をします。

まあ、自分を責めるのがあんまり好きじゃないというのもあるのですがね。

なんでも知っている人に見えるインプット術

議論に強くなるには、知識があるに越したことはありません。おいら基本的に暇で、ネットで情報を見て回るのが好きなので、たとえば、ウィキペディア（Wikipedia）をずっと見続けて半日過ぎるということがわりとあるのですよ。

1個見た項目の関連の項目を見て、さらにその関連の項目を見て……を繰り返しているといつの間にか何時間も経つので、いい暇つぶしになるわけです。ただ、あまり役に立たない情報もつい追いかけてしまうのでよくないのですが。

子どもの頃、うちのトイレにはなぜか辞書だけ置いてあって、用を足している間は暇なのでずっと読んでいました。暇つぶしに文字を読むというのは昔からの習慣ですね。

おいらの場合、目を通すかどうかの基準は「面白いかどうか」しかないのですが、面白いに役に立つも含まれているし、**単に面白いだけで役に立たない情報でも、人に説明する**

と結果として役に立ってしまうということがあるわけです。

映画も好きで、フランスで映画行き放題の券を持っているので、とりあえず英語のやつだったら、ひたすら見に行くというのをやっています。なのでわりと幅広く、お金を払うなら見ないだろうなというつまんないものまで見ていますね。

純粋に楽しいから映画を見ているのですが、これも結果として役に立つことが多いのですよ。サイトの企画会議とかのときに、「こういう映画があって、こうやってうまくいったんですよ」みたいに、面白い・面白くないとか成功・失敗の例として出せるわけです。

普通のサラリーマンの人でも、映画に限らず何かをたくさん見たり知ったりしておいて損はないでしょう。

仕事に役立つかどうかは何を深掘りするかによるでしょうが、**何が役に立つかわからないのも今日のビジネスシーンの特徴**だと思います。

その意味では、常に意識してインプットし続けることが大事なのですよ。

議論に強い人は「保留」をする

トランプ米大統領の登場以来でしょうか、「フェイクニュース」が注目されるようになりました。ウソ情報に踊らされないためにも、信じられる情報と信じられない情報をどうやって見分けたらいいのか。

おいらはどちらか**判断がつかなかった場合、自分で試したり調べたりするか、わからないまま「保留」にする**かですね。

たとえば以前、アメリカの水飲み大会で参加者が水中毒になって死んだというニュースがあって、「ウソだろう?」と思って試してみたことがあります。2時間ほどで2・7リットル飲んだところで、さすがにバカバカしくなってやめたのですが、あとでその参加者が7・5リットル飲んで死んだというのを知って、少しぞっとしました。

健康系の情報というのはいろんなところに書いてありますが、おいらはその情報が学会を経由していない場合は信じないようにしています。たまにおかしな医者がおかしな説を唱えるというのもありますが、学会の中でどう評価されるかが定まっていないときは、とりあえず「保留」にしておくわけです。

もう古い話になってしまいましたが、ＳＴＡＰ細胞も当初から「うさんくせえな」と思っていて、ただウソと断言することもできなかったので、おいらは「保留」にしていました。

もちろん、いまも「保留」です。というのは、小保方さんの論文「こうやったらＳＴＡＰ細胞が作れるよ」はたしかにウソだったけれども、ＳＴＡＰ細胞じたいが存在しないことの証明はできないわけです。いわゆる「悪魔の証明」というやつですね。つまり、小保方さんの「ＳＴＡＰ細胞はあります」は、ある可能性はあるのでウソだとは言えません。なので、やっぱり「保留」にせざるをえないというわけです。

あるいは、その話に乗っかっている人が誰かを見ると、専門知識がなくても「うさんくせえな」という判断がつきやすいケースがあります。

たとえば、理研の人たちは小保方さんと同じグループだから、小保方さんの「ＳＴＡＰ細胞はあります」を「本当か？」と疑いつつも乗っかる可能性があります。でも、ぜんぜん関係ない香港のグループとかはSTAP細胞の作成に失敗しました。あのとき、理研と無関係なグループから「私たちも成功した」という話が少しでも出ていたら、STAP細胞はある可能性が高いと思ったかもしれません。

けれども、「共犯者」になりうる人たちがどんなに乗っかっていてもなんの証明にもならない。なので「保留」以外なかったわけです。

利害関係のない第三者で、それなりの評価があり間違ったら評価が下がるというリスクを負って乗っかっている人がいる場合は、「じゃあ、その話に乗っておこう」でいいと思います。

もし間違えたとしても、「あの人が間違えたんだから、私も間違えますよ」などと言い訳すれば、「じゃあ、しょうがないよね」となるじゃないですか。

つまり、**尻馬に乗ることができるような状況になったら、「保留」を解除することができる**ということ。その意味でも「学会」というのは、一つの大事な判断基準になるわけです。

科学分野の新規なものに関しては、じつはおいらの中でわりと保留率が高いのですよ。

たとえば、量子コンピュータはカナダで一応商業的に売られていて、日本でもレーザー光線でやる大学の先生とかがいたりする……と。ただ、ちょこちょこ量子コンピュータが出てきてはいるけれども、実際にすごく役に立ったという話はまだ聞いていない。なので、おいらは「保留」にしています。たぶん稼働はするとは思いますが、実用レベルまでには至ってないんだろうなと思っているわけです。

「宇宙はどうやって始まったのか」とか「人類はなぜ生まれたのか」とか、子どもの頃に誰もが思うような疑問でも、答えは「保留」以外ないじゃないですか。いまのところ誰も答えを出していません。

ということは、そもそも人間が世の中の森羅万象を知っているはずがないということを、やっぱり大前提にしたほうがいいと思うわけです。要は、「保留」なものが多いというのがこの社会ということなのですね。

やっぱり事実ベースで議論することが大切なのですよ。ただし、聞きかじりで中途半端なことを言っていると、うさん臭い人と思われかねないし、あとでその説が覆ったときに恥ずかしい思いをするかもしれない。

なので、**「○○と言われているけど、今後それも変わるかもしれない」とか、逃げ道のフレーズを添えておく**ことも大事でしょうね。

「知らないこと」は「知らない」と言う

議論をしているときに、基本的な知識がなくて「何も言えなくなる」といったことがあるでしょう。でも、そんなことで「恥ずかしい」とか思う必要はまったくなくて、知らないことは「知らない」と言えばいいだけなのですよ。「そんなことも知らないの?」とバカにされても気にしない。**「常識がなくてすみません。それで○○って、なんすか?」**と聞いたらいいだけの話です。

おいらは一応プログラム屋さん出身なので、その辺の知識で「これを知らないのはさすがにまずいだろう」というレベルは押さえていますが、たとえば「最新の言語はこうなんだよね」みたいなことは説明できません。全部の言語にさわっているわけではないので、その手の会議とかで知らない言語の話が出たら「ごめん、知らないっす」と、わりと平気で言ってその場で確認しています。

その場では「知ってるふりをして、あとですげえ調べて追いつく」ということができるタイプの人もいますが、おいらは根がずぼらなので、その場で教えてもらう。ウソをついてまで頑張るタイプでもありませんからね。

「知らない自分が恥ずかしい」とか「情けない」とか思う人もいるでしょう。でも、それは「偏り」の問題であって、自分が知っていて相手が知らないこともあるし、相手が知っていて自分が知らないこともあるというのは、当たり前の話だと思います。

むしろおいらは、「世間で流行っていることは知らないほうが得だ」と思っている派なのですよ。みんなが知っている知識を知らなくても、誰かに聞けば答えてくれるので困ることはないし、それを知っていても自分の価値は上がりません。**みんなが知らない自分だけが知っている知識があるときこそ、自分の価値が上がる**わけです。

なので、みんなが知っていることをわざわざ調べたり覚えたりするのは無駄だとわかっていれば、その代わりに、別のことを調べたり覚えたりすることができるので自分にとって「得」なわけです。

まあ、自分1人だけが知っていることなんてないのですが、たとえば、「ここまでは普通押さえてないよね」というマニアックなゲームとか映画とかの話をすると、「この人、すごい詳しい」みたいに誤解してくれます。

つまり、**マニアックな知識であればあるほど「物知り」みたいな誤解を振りまきやすい**わけです。「好きな映画は？」と聞かれて、『ショーシャンクの空に』みたいなことを言ってしまう人は、どうしても「詳しくないな」と思われがちですから。

要は、専門家のほうが面白い話が聞けて、なんでもまんべんなく知っているという人からはありきたりの話しか聞けないということなのですがね。

試合に負けて勝負に勝つ

討論番組とかでは、言っていることが正しいか間違っているかで議論するので、当然ながら間違っていることを言ったら負けになるわけです。

でも、たとえ間違った主張であっても、議論を見ている人たちが正しいことを言っている論敵のほうを「この人、嫌な人だよね」と思うような議論の進め方というのもあるのですよ。

何度か「人を殺すのは本当に悪いことか」というテーマを例に、論破の仕方について述べました。その議論の過程で、「悪い人を殺すのは、無条件でいいこと」という結論が導き出されたとしたら、殺される対象が悪い子どもであっても、それは正しいことになります。

つまりこの議論の流れでは、「悪い子どもでも、とにかく子どもを殺すのは悪いこと」

という主張は間違いであって、それを言ったら議論に負けるわけです。

けれどもおいらは、そうした状況ではきっと子どもを守るポジションを取ります。「子どもが殺されたら、かわいそうじゃないですか」などと言い続けるでしょう。

議論としてはおいらの負けです。ただ、討論番組とかを見ている一般の人は論理的な正しさよりも感情的に反応するので、「悪い子どもは殺してもいい」と正しいことを言った人には「あの人は子どもを平気で殺す人なんだ」という、ネガティブなレッテルが貼られてしまうわけです。

要は、**「試合に負けて勝負に勝つ」というのも立派な論破力**ということ。「○○さんが言ってることは正しいと思うんですけど、僕にはできないんです」といった言い方では、もちろん相手を論破することはできません。

けれども、**世間的には「いい人なんだな」というイメージを持たれる。それはつまり、最終的には勝ち**なのですよ。

プロ野球でも、「この一試合を勝つ」が目的ではなくて、「この1年のペナントレースを勝つ」が本当の目的じゃないですか。それと同じように、その場で負けたとしても、結果としていいポジションが取れたら、それはそれでおいらにとってメリットがあります。そうしたことも考えて、じつは投げる球を決めているというケースもあるわけです。

ただ、おいらのキャラとして「いい人」に思われることが得かどうかは、また別の話だとは思うのですがね。

誤解してほしくないのは、「人を殺すのは本当に悪いことか」というようなテーマの議論のとき、おいらは自分の倫理観とか感情的な反応とかはまったく持ち込んでいないということ。そのへんはどうでもよくて、どうしたら最終的に相手に勝てるかを考えて、話をしているだけなのです。

もちろん、「試合に勝って勝負に負ける」ことはやりません。なので、差別的な言葉を使うとか相手を傷つけるような悪口は言わない。

試合には勝てるでしょうが、攻撃した言葉じたいがものすごく嫌な言葉だった場合、そのあとにおいらに矢が飛んでくるので……。

まあ、プライベートで友だち相手だとそのへんもまったく気にしないで攻撃しますがね。

答えのない議論を考えるコツ

答えがないテーマは、どっちだっていい

討論番組とかで、外交がどうこうみたいなテーマについていろんな人が出演して議論していますが、結局、答えなんかないのですよ。繰り返しになりますが、エンタメとして面白ければよいのです。

外交がどうこうみたいなテーマは、おいらにとっては「目玉焼きにしょうゆとソース、どっちをかけるとおいしいか」という話とある意味似ています。

どちらも答えがないじゃないですか。「100人に聞いてみました」でも結論には至りません。要は、「あなたの聞いた100人はそれを正しい・おいしいと言ったかもしれないけど、ほかの1億人は違うかもしれませんよね」という議論なのですよ。

どこまでいってもなんの答えもなくて、**「人それぞれですよね」**で最終的には終わる話だと思うのです。

参加しないほうがいい議論

ときどき思い出したように「日本人の芸人が黒塗りして黒人の真似をするのは黒人差別かどうか」というような議論がネットとかで盛り上がったりします。

おいらは「みんな、おかしなことで盛り上がってるな」と思って見ていて、そうした議論にはほとんど参加しません。こうしたテーマにも答えがないと思っています。

たとえば、オーストラリア人も黒人の真似をするので、オーストラリアの中でもそういう議論になることがあるそうです。「白人が黒人の真似をするのは、黒人をバカにした意味になるのでよくない」と。

この主張の背景には、アメリカ人が黒人を連れてきて奴隷にして、そのあとも黒人の権利を制限して、アメリカ人の白人がアメリカ人の黒人の真似をしてバカにしてきたという歴史がある。なので、白人が黒人の真似をするのはよくない……と。

それに対してネットで見られるオーストラリア人の反論は「オレら、そんなことしてねえから」というもの。「黒人とは普通につき合ってるし、単に真似したかったらするっていうだけで、そこに対して差別とか悪意はないから」と。オーストラリアの中ではこちらの意見が多数派のようです。

日本でも状況は同じはずですが、アメリカの歴史を語りたがる人たちというのがいて、「どうせおまえら知らないだろ？　オレの知ってるアメリカ暗黒史を教えてやる」みたいな意見が多くなりがちです。おいらは「でも、ここ日本やしな」と思うのですが。

もちろん、いま言った話というのは、黒人の人に「でも、僕はそれを見て傷ついたんです」と言われたら絶対勝てないのですよ。

被害者が出てきて「傷ついたんだ」という感情を吐露した時点で、その感情を議論で覆すことに何の意味もない。だから、そうした議論には参加するだけ無駄だと思うのです。

答えがない議論というのは、結局は「人それぞれですよね」で終わると述べました。

そういうテーマはたくさんあって、たとえば、日本ではワーグナーの曲を普通に演奏したりお店で流したりしているじゃないですか。でもイスラエルでは、ワーグナーはタブーに近いそうです。

ワーグナーがユダヤ人差別主義者だった、ヒトラーがワーグナーをめっちゃ気に入っていて、ナチスの大会とかでワーグナーの曲をかけたり、オペラをやったりした。なので、イスラエルの中では、ワーグナーがナチスのイメージとめっちゃ近いので、その曲もタブー視されているわけです。

日本人は、そうしたことをほぼ知らないので平気でワーグナーのコンサートとかが行われています。「国それぞれ」というわけです。ただ、その状況はイスラエルの人から見たらきついし、傷つくユダヤ人もいるはずです。

でも、「曲として優れている」と「作ったヤツがクソ」というのはぜんぜん違う話なので、日本で「ユダヤ人が傷つくからワーグナーをやめよう」と宣言するのは、やっぱり無理があると思います。

一方で、傷つく人が目の前にいたときにどうするのか。それでも「いくら被害者がいたとしても文化はちゃんと残すべきだよね」と判断するのか。その判断が正しかったのかどうか。状況によって答えが分かれる問題でしょう。

おいら、そういう議論には「加わらない」が正解かなと思っているのですよ。どっちの立場でしゃべっても相手をへこませることはできるとは思います。

けれども、その先に完全にみんなが納得する答えはないので……。

「会話のキャッチボール」をしようとしない

コミュニケーションのことを「会話は言葉のキャッチボール」と言ったりします。この本の中でも「相手にこんなボールを投げる」とか「相手からどんなボールが返ってくるのか」とか、たびたび比喩的に使っています。

おいらは人と会話するとき、いったん**『聞くモード』に入ったらずっと質問し続ける**ことが多いのですよ。なぜそう考えたのかという理由だったり、どういう考え方でその結論に至ったのかというプロセスだったりをわりと細かく尋ねます。

そしてそのあとで、**その人だったらどう考えるかという「モデル化」をして、「こういうときはこう考えますよね？」という、自分のつくったモデルが当たっているかどうかを確認するという作業をずっと続ける**わけです。

つまり、それがおいらにとっての「会話のキャッチボール」です。要は、単に自分が聞きたい話を聞いているだけなので、本当はキャッチボールする気がないのでしょうね。

ちなみに、おいらは「女子のおしゃべり」――お互い言いたいことを言って誰も話を聞いていない会話――がすごく苦手なのですよ。

たまにファストフードとかで女子のおしゃべりを聞くと、他人として聞いている分にはすごく面白いのですが、「これ、みんなで集まって話していてもしょうがないんじゃねえかな」と思ったりするわけです。


おいらは人に何かを教えるのが本当に苦手です。

たとえば、彼女にマージャンを教えたことがあったのですが、口調が荒くなりすぎて彼女を泣かせたりしましたから。

基本的に初心者は、相手の捨てたパイを取る「ポン」や「チー」をやらないほうがマージャンを覚えやすい。なので、「それはやらないでください」というところから始めたのですが、彼女は繰り返しポン、チーをした……。

「なぜやったんですか？　やりたいようにやりたいんだったら別にいいんですよ、僕の話聞かないでやりたいようにやって、別にああ、楽しかったでいいんですけどね。やり方を聞いて教えた以上、そのとおりやってもらわないと時間の無駄でしょ？　本当に覚えたいんですか？」

そんなふうに強い口調で責めたら、彼女が泣き出したわけです。

さっきの女子のおしゃべりもそうですが、人が説明しているのをなんとなく聞いているという状態は、無駄な時間をお互いに過ごしている気がして、それをやられると、「すごい損、やだな」となってしまうのですよ。

興味がないなら「興味ない」と早く言ってくれたほうが、お互いに損をしないので不快になることもないはずです。

なので、本当は興味がないことでも、相手が喜ぶと思って「あれ、どうなの？」みたいに聞いてくる人がいますが、すごく無駄な時間をお互いに過ごすことになるので、やめてほしいと思いますね。おいら、キャッチボールでも無駄なボールはできるだけ投げたくないタイプなので。

ビジネスの会議とかではもちろんそうで、お互いに損な気がするので無駄話はまったくいりません。いきなり本題のほうが断然いいのですよ。

沈黙が怖くてボールをいっぱい投げたり、無駄なキャッチボールをしようとあくせくしたりとかは会話が苦手な人にありがちですが、**会話なんて、気遣いよりも興味本位のほうが大事**なのですよ。

「モデル化の材料はないかな?」と相手の思考パターンを探る感じでもいいし、余計な前置き抜きで、何か自分の得になる「問い」を投げかけるようにしてもいいと思いますね。

相手の言いたいことを言ってもらうのではなくて、自分の聞きたいことを聞き出すのがお得な会話というものでしょう。

本当に頭がいい人の議論の特徴

いろんな人と議論してきましたが、論破する力というのは「そんなに差がないな」というのがおいらの印象です。ちゃんと材料があるのにうまく使いこなせなくて言い含められてしまう口下手な人もいますが、口のうまさというのは一定のレベルを超えると、だいたい同じくらいの気がします。

もちろん、持っている知識の量には差があって、「この人、いろんなことを知ってて、面白いな」というのはあるわけです。

たとえば、編み物にすごく詳しい人の話を聞いたら「そんな道具や技術があるんだ、すげえ」みたいになるし、漁師の人に「この季節だと、こういうところで温度がこう変わるから、こういう魚がいるんだよ」みたいな話を聞いたら、「へえー」になるじゃないですか。そうした話は、たとえ口下手な人が話してもやっぱり納得できるでしょう。

要は、**論破というものは話し方の技の問題というよりも、単に事実ベースの材料、つまり根拠を持っているかどうかの問題**という気もするのですよ。

人それぞれ持っている知識には偏りがあるので、テーマによってはどうしても材料が不足してしまうわけですから。

議論に強い人というのは、たいてい「こういう根拠があるから、こうですよね」という議論しかしません。おいらもなんの材料も示さずに「自分がこう思うから、これが正しい」という言い方をしたことは、たぶんないと思います。

ただ、ごくたまにですが、「事実ベースの材料なし」で言い切るけれども議論に強いというタイプの人もいます。

たとえば、ホリエモンこと堀江貴文さんがそうです。結論に至るまでの道筋というのがものすごく長いので、いちいち説明したら切りがない。なので、その説明を一切はしょって、結果だけをぽんと言うみたいな話し方をします。

堀江さんは面倒くさがりなので、細かく説明したがらないのですよ。もちろん、ちゃんと聞くと説明してくれるのですがね。

わりとお偉いさんに多いタイプで、結論が2歩くらい先に行っている。普通は「A＝B」、「B＝C」、「C＝D」、ゆえに「A＝D」と説明するところを、いきなり「AはDなんだよ」と言い出すわけです。

わかる人は「たぶん、ああだからこう言ったんだな」とある程度想像できるので、論拠を出さないままでも、堀江さんの「勝ち」になってしまいます。

わからない人が端から見ていても、堀江さんの「いや、間違ってる」みたいなひと言で議論が終わったりするので、「この人は強い」と見えるというパターンがあるわけです。

ちなみに、堀江さんの口癖で**「ちょっと聞いて」**というのがあって、堀江さんにそう言われると、反論していた相手も黙って聞くしかないじゃないですか。「これから、わかっていない人に、わかるように説明してあげますよ」みたいな空気感が出ていて、うまいなと思いますね。

当事者意識を持たずに判断をする

仮説を立てるときの気をつけたいポイントについて、「未来予測」を例にちょっと押さえておきましょうか。

経済予測はおいらの専門ではないというか、いわばド素人です。ただ世界の経済全体となると、わりと要素が大きくて、ものすごくシンプルに物事が決まると思います。むしろ、会社員の友だちの収入がこれからどうなるかといった個別の予測のほうが、考えるべき要素が細かすぎてまったく予測できないのではないでしょうか。

たとえば、何か思いがけない大発明があったからといって、パプアニューギニアが10年後にアメリカみたいな巨大な国になるかというと、それはまずないわけです。

要は、世界の経済といったスケールになると、わりと決まったとおりのことしか起きないのですね。材料というのもだいたいもう出そろっていて、大発明があったとしても、鉄道や石油、インターネットといったレベルのものでしかないでしょう。なので、世界経済とかは素人でも予測しやすいわけです。

イギリスのEU離脱もそうです。離脱後、イギリスの景気はよくなるでしょうか、悪くなるでしょうか。もう「悪くなる」がほぼ確定なわけです。それは公開情報だけで判断できることで、「いままでの輸出の部分に関税がかかるようになります。で、金融街に勤めている何万人がいなくなります、移民する人も減ります」ということが数字としてもうわかっていて、なので「経済は下がりますよね」としか言えないわけです。

つまり、「来年のプロ野球、どのチームが優勝するか?」の予想のほうが、不確定要素が多すぎるので大変なのですよ。

北朝鮮問題とかもそうですが、世界の動きみたいな大きな予測というのは、おいらにとって本業ではないので、パズル雑誌のパズルを解いているのとたぶん感覚的には一緒だと思います。

与えられた材料で「これって、こう組み合わせるとこうなるよね」と、わりと遊んでいる感じで、そこには当事者意識があまりなくて、自分の思い入れもありません。

要は、そうした問題を考えるときには「日本としては、こうあったほうがいいよね」といったことを、完全に抜いた状態で考えたほうが冷静に判断できるわけです。

つまり、**当事者であればあるほど、自分自身が判断のバイアスになってしまう**んですね。

たとえば、「この会社、うまくいくかいかないか」というときに、自分がその会社の株を持っていたらうまくいく方向の材料ばかりを集めてしまうじゃないですか。

世の中を見るときには、「自分としては、こうあってほしい」というのを完全に抜いたほうがいいと思うのですよ。

答えが難しいテーマをぶつけて相手の反応を見る

人に説明してもらって自分の好奇心を埋めるというのは、単純に楽しいことだと思うのですよ。

討論番組とかでも、なんか突っ込んでいるように見えるかもしれませんが、おいらとしては本当に知りたいから疑問をぶつけている場合のほうが多いわけです。

裏返して言うと、おいらは教えることじたいに喜びを感じられないタイプなのかもしれません。学校の先生になれない人なのですよ。

もちろん、議論をしているときに「自分が説明していて楽しい」がおいらの中にあることもあります。それは、たぶん「自分の意見を整理している」ときが多くて、つまり、自分の考え方に対する相手のリアクションを知って、さらに意見を整理するために話しているというわけです。「この考え方で穴はないと思うんだけど、どう?」という、いわば確認作業のために説明しているのですね。

「ほかの人ってそうやって考えるんだ、へぇー」みたいな発見をしたくて、おいらのほうから議論になりそうなテーマを振ることもあります。

少し前にわりと使っていたのが「安楽死」の話。たしかベルギーだったと思いますが、あの国は安楽死合法なので、おじいちゃんが友だち全員を呼んでパーティーをして、その日に安楽死をしたというニュースがありました。

自己の死の尊厳みたいな話とは別に、おいらはそのニュースを聞いて「そこには誰一人友だちがいなかった」と思った派なのですよ。

友だちに「オレ、これから死ぬからパーティーするわ」と呼ばれて、目の前でその友だちが隣の寝室に入って「じゃあ、これから死んでくるわ」と言ったら、誰であれ止めるとおいらは思います。「まあ、ええか」と止めないのは、たぶん友だちではない場合でしょう。

なので、ベルギーの安楽死パーティーには友だちが誰一人いなかったと思った……というおいらの考えを話すと、人によってリアクションが違うわけです。「それは、やっぱ友だちが死ぬと決めたんだから、止めないのが本当の友だちではないか」とか「安楽死は人間の尊厳の問題だからそれは尊重して……」とか、いろんな反応があって「へぇー」と思いますね。

「他人がどう感じ、どう考えるか」を見聞きするのは、それはそれで楽しいわけです。

最近、経済について語る人によく確認しているのは「2020年以降、日本の景気ってよくならないですよね？」ということ。

みんな「オリンピックまでは景気がよくなる」とは言うけれども、「じゃあ、オリンピック以降は下がり続けるってことですよね？」と聞くと、「いや、オリンピック後もこういう理由で景気がよくなるよ」と言えるまともな人をおいら一人も知らないのですよ。

なので、おいらの考え方じたいが間違っていて、「こういう材料があって、2020年以降はこういうかたちでよくなるんだよ」という考え方があるのなら、それを知りたいと思っています。おいらが立てた「2020年以降、日本の景気はよくならない」という仮説にも材料があるわけですが、おいらが気づいていない材料がまだあるかもしれないので、それを確かめたいのです。

たとえば、「日本は中国の属国になって中国と同じ景気に乗る」というのであれば、2020年以降もめちゃくちゃ景気がよくなる可能性があります。それは、おいらが知らない材料なので、「じつは、日本が中国の一省になる材料がある」と教えられたら「へぇー、それならたしかに景気がよくなるわ」と思えるはずです。

もちろん、おいらがいま持っている材料の解釈じたいを間違っていて、「じつは、これってこういう解釈が正しくて、景気がよくなるんだよ」と教えられても、「そうなんだ、それならいけるかも」みたいに思えるでしょうね。

要するに、人に説明するのも人の考え方を聞くのも、自分の仮説の確認作業をするためという意味で言えば、おいらの中では同じことなのです。

自分一人で調べて考えて立てた仮説には、やっぱり知らない材料だってあるし、きっと穴があるはずです。なので、人に聞いて確認作業を繰り返す。そうしないとその穴を埋めることは、ほとんど不可能でしょう。

自分の仮説を強化するためにもどんどん議論したほうがいいと思いますね。

あとがき

世の中、「あとがき」から読み始めちゃう人もいますが、本文を読んだ前提で「あとがき」を書きます。

本書を手に取った理由は、みなさん、表面的にはいろいろあると思いますが、多くの人は、他人を自分の思いどおりに動かしたいとかの欲望があって、その方法を見つけられたらいいなぁってことで、ページを開いたんじゃないかと思います。

「論破力」テクニックで使えそうなのはありましたか?

人によっては、相性が悪くて全く使えないテクニックなんかもあったと思いますが、本書を読んで、1個でも役に立つことが見つかれば、本書を読んで得したとか人は思っちゃうものなので、そういうことにしといてください……。

本文を読んだ人はうっすらと理解してもらえてるかと思いますが、他人を変えるより自分を変えるほうが簡単なんですよね。不快な相手を変えるよりも、その相手を見ても不快に感じないように自分を変えるほうがよっぽど簡単だし確実で、副作用もなかったりします。

なので、人間関係をなんとかしたいってのは、本人の心がけでなんとかなることも多いです。

まぁ、無差別に殴りかかってくる人とかもいるので例外もありますけどね。おいらの母校の北区立北中学校の校門前に先輩がいて、登校してくる男子生徒を1発ずつ殴るという謎の日があったのですね。中学校の1年生だったおいらは、「中学ってそういうものなんだぁ」とか思ったりしたんですけど、ほかの学校の友だちに聞くと、そういうのは全くないみたいですね。

ってことで、社会に出ると目が合うだけで殴りかかってくる人とかいないので、社会人ってかなりイージーモードだと思うのですね。職場が嫌だったら転職すればいいですけど、学生は毎日虐《いじ》められてても、本人の意思だけで学校を替わることはできないですしね。

ってなふうに、自分よりももっと不幸な人を思い浮かべたりすると、自分がそんなに不幸じゃないかも、これくらいマシなのかも、って思えちゃったりするのも、自分の考え方を変えるテクニックの一つです。

嫌いな相手のどこが嫌いなのだろう。

その部分が完全に直ったら、その人が嫌いじゃなくなるのだろうか？

とか考えたりすると、自分が何を嫌いで何が許せないのかとか、自分についてより深く知ることができるんですよね。そうやって自分を知ることができるのも嫌いな人のおかげだなぁ、とか考えちゃったりするとか。


自分が楽になったり幸せになったりするのが目的だとしたら、相手を論破することがゴールじゃないかもしれないです。

たとえば、アメリカとか中国とかフランスなどの国は核を持ってますけど、使う気はないですよね。武器を持つけど、あえて使わないというのも、手段のうちだったりします。

武器を使いそうなそぶりを周りに見せるだけで十分で、武器を使わないで物事がスムーズにいくこともあったりします。

「論破力」を使って自分の周りの環境を変えるのも一つの手ですけど、そういった武器を持っていてもあえて使わないことで、心の余裕が一段階増えたりもするんですよね。

本書をここまで読んでいただいた方には、本書を読んで、多少でも人生が楽になってもらえたらなによりなんですけど、下手に覚えた武器を振り回して怪我《けが》をしちゃったら元も子もないので、そこらへんは十分に注意してもらえればいいなぁ……と思ったりします。

徹夜作業明けのパリ左岸にて

ひろゆき

構成　高橋和彦

ひろゆき［西村博之］ にしむら・ひろゆき
1976年、神奈川県生まれ。1999年にインターネットの匿名掲示板「2ちゃんねる」を開設し、管理人になる。2005年に「株式会社ニワンゴ」取締役管理人に就任し、2006年に「ニコニコ動画」を開始。2009年「2ちゃんねる」の譲渡を発表。2015年に英語圏最大の匿名掲示板「4chan」の管理人に。主な著書に『無敵の思考』『働き方完全無双』（以上大和書房）、『ホリエモン×ひろゆき やっぱりヘンだよね』（堀江貴文との共著、集英社）などがある。

朝日新書
689
論破力《ろんぱりょく》

2018年10月30日第1刷発行
2021年12月30日第10刷発行

著　者　ひろゆき［西村博之］

発行者　三宮博信
カバーデザイン　アンスガー・フォルマー　田嶋佳子
印刷所　凸版印刷株式会社
発行所　朝日新聞出版
〒104-8011　東京都中央区築地5-3-2
電話　03-5541-8832（編集）
　　　03-5540-7793（販売）

Published in Japan by Asahi Shimbun Publications Inc.
ISBN 978-4-02-273791-5
定価はカバーに表示してあります。

落丁・乱丁の場合は弊社業務部(電話03-5540-7800)へご連絡ください。
送料弊社負担にてお取り替えいたします。